AF139377

Selbst gemachte Nachrichten
… weil man einfach nichts mehr glauben kann

© Anna Dorb 2014
Bad Reichenhall
www.anna-dorb.de

Bibliografische Information der Deutschen Nationalbibliothek
Die Deutsche Nationalbibliothek verzeichnet diese Publikation in der
Deutschen Nationalbibliografie; detaillierte bibliografische Daten sind im Internet
über http://dnb.d-nb.de abrufbar.

Herstellung und Verlag:
BoD – Books on Demand Norderstedt
ISBN: 9783734733246

Selbst gemachte Nachrichten

... weil man einfach nichts mehr glauben kann!

Die gesammelten *Werke*
aus der Wochenblatt-Kolumne
ACHTUNG SATIRE
Sommer 2011 bis Herbst 2014
und mehr

von

Anna Dorb

Die
Gute Nachricht
zuerst:

Das Meiste, was man so hört oder liest, ist erstunken und erlogen – es kommt direkt aus der „*Gerüchteküche*".

Oder wie sagte schon die verlogene Käth'?

„*Ich sach jedes Mal VORHER: Mer söll's nit gläb!*"

Übersetzung:

„*Ich sage es jedes Mal VORHER:*
Man soll es NICHT glauben!"

Lüüche
aus „Gedichte und Moritaten"

von Edwin Brod
(ISBN: 978-3839166635)

Die Käth' is fei scho ä racht's Lüüchemaul
un im Leutaustrache gar nit faul!
Kaum schnappt sie was uff – gleich werd's verbouche
un e weng durch'n Draak gezouche
un weiterverzäilt der Nachbari schnall,
bekannt isses ä Stunn druff überall.
Un die Gosche werd franzi von früh bis spät;
Ja, ja, es is scho ä Luder, die Käth!

Vor 14 Tach höü i sie doch emol g'fröcht,
worüm sie dann dauernd sou viel Lüüche mecht?
Do grinst sie mi oo un guckt e weng schepp:
„Ich sach jedes Mol vorher: Mer söll's nit gläb!"

(und frei übersetzt von Anna Dorb)

Lüge

Die Käth' ist fei schon ein schlimmes Lügenmaul
und im Leuteausrichten gar nicht faul!
Kaum hat sie etwas gehört – wird es schon verbogen
und ganz schön durch den Dreck gezogen.
Und weitererzählt der Nachbarin schnell,
bekannt ist es eine Stunde später überall.
Und das Mundwerk wird fransig von früh bis spät;
Ja, ja, sie ist schon ein Luder, die Käth'!

Vor 14 Tagen habe ich sie doch mal gefragt;
weshalb sie denn dauernd so viele Lügen macht.
Da grinst sie mich an, ganz schief unter der Hauben:
„Ich sag doch jedes Mal VORHER: Man soll es NICHT glauben!"

Vorwort

Irgendwann kommt der Zeitpunkt, da steht man da und fragt sich:
„Häh? Was zum _____* soll das???"

Da bekommt man an einem Tag eingebläut, dass dies oder das gut für uns ist, an einem der folgenden Tage (manchmal aber auch erst viele Jahre später) nachdem wir alles geglaubt, verinnerlicht und uns an die Empfehlungen gehalten hatten, wird das zuvor Propagierte dementiert und genau das Gegenteil für ratsam und richtig erklärt.
Gerne auch mal umgekehrt.
Theorien von gestern sind laut Experten plötzlich völlig verkehrt und alles wird über den Haufen geworfen, bis die Fachmänner und inzwischen auch die „*Quoten*"-Fachfrauen von übermorgen, wieder ganz neue Erkenntnisse und Weisheiten ans Licht befördern.
Sportergebnissen kann man selbst dann nicht mehr trauen, wenn sie digital gemessen wurden, weil auch diese inzwischen manipuliert sein können.
Ganz davon abgesehen werden Schiedsrichter bestochen und Dopingsünden der Athleten entweder untergejubelt oder vertuscht. Die Medien halten uns diesbezüglich ja auf dem Laufenden. - Oder eben nicht.

Prominente aus allen Bereichen werden hochgejubelt und laufen damit Gefahr mal eben ganz schnell wieder fallen gelassen zu werden.
Hierbei gilt die Faustformel:

Je höher - desto fall

Nachrichten und Rufmorde, oftmals in Verbindung mit gefälschten oder manipulierten Fotos und/oder Videos unterlegt, sind gang und gäbe und die dazugehörigen Gegendarstellungen erscheinen, wenn überhaupt, in viel zu geringem Ausmaß und oftmals zu spät für den oder die Geschädigten.
Dass die Opfer sich nicht oder kaum dagegen wehren können, mag den einen oder anderen ebenfalls verwundern, wo wir doch angeblich unter ständiger Beobachtung der NSA, des BND und anderen Lauschern stehen, die es eigentlich (am besten) wissen müssten.

Gleiches gilt leider auch für Nachrichten über die Kriegsschauplätze dieser Erde, die entgegen unserer zivilisierten Erziehung, anstatt weniger, in Wirklichkeit jedoch durch die Ungezogenheit einzelner Mächtiger, immer mehr werden. Dass es hierbei um so viele Menschenleben geht, scheint traurigerweise keine Rolle zu spielen. Aus welchem Grund *DIE DAS* machen, bleibt derweil ihr Geheimnis - können doch auch sie nichts an materiellem Wert aus dieser Welt mitnehmen.
Oder habe ich diesbezüglich etwa eine wichtige Nachricht übersehen?

Die Entstehung neuen Lebens ist für uns derweil kein Wunder mehr.
Was es in diesem Bereich zu wissen gibt, haben wir längst erfahren.
Sind wir doch aufgeklärt und belesen und durch wissenschaftliche Fachzeitschriften und Internetseiten selbst schon so etwas wie Spezialisten geworden.

Viele, vor allem jene, die sich via Internet informieren, sind nach eigener Überzeugung (!) sogar schon gescheiter als alle Berichterstatter, Journalisten und Nachrichtenmacher zusammen, die ihrerseits ja auch nur das weitergeben können, was ihnen bei ihrer Recherche untergekommen ist, was sie ausgegraben haben oder was ihnen suggeriert wird. Nicht selten geben sie aber auch einfach ihre persönlichen Schlussfolgerungen an die Öffentlichkeit weiter, die ihnen in diesem Moment am besten gefallen, oder die ihnen eine Titelstory mit entsprechender Vergütung einbringen. Selbst wenn sie in ihren Berichten die Geld- und Machtgier eines anderen anprangern. Steuerverschwendungen, Missbrauch von Spendengeldern und die Abzocke an den Tankstellen pünktlich zu jedem Ferienbeginn, mit der Begründung, dass irgendwo ein Krieg herrscht - wahlweise auch, weil hier oder dort gerade mal keiner stattfindet – unterstreichen jetzt mal stellvertretend für die unzähligen Vorkommnisse in diesem Bereich „nur" den finanziellen Aspekt.

Was heute Fakt ist, ist morgen hinfällig und übermorgen schon mehrfach überholt.
Neue, teilweise haarsträubende Gesetze, Beschlüsse und Vorhaben unserer Regierung, der EU und den anderen Mächtigen in der Welt, lassen uns so manches Mal am gesunden Menschenverstand zweifeln.
Danach **ver**zweifeln wir, bis wir keine Lust oder einfach keine Kraft mehr haben, dagegen aufzubegehren.

8

Weshalb wir jedoch allen schlechten Nachrichten zum Trotz noch immer am Leben sind, bzw. die BRD so tüchtige ArbeiterInnen und Geldverdiener zu haben scheint, obwohl laut Statistiken kaum noch einer für arbeitsfähig erklärt werden dürfte, weil rein rechnerisch eigentlich alle *irgendwie krank* sein müssten, sollte mal einer versuchen, mir plausibel zu erklären.

Auch die Frage, weshalb es beispielsweise ein Rauchverbot gibt, welches uns vor Krankheiten schützen soll, gleichzeitig aber einzig Deutschland auf der Suche nach einem Atommüll-Endlager zu sein scheint und wieso die anderen Länder nicht, stelle ich immer wieder gerne.
Nein, diese Aussage ist nicht korrekt! In Wirklichkeit stelle ich sie absolut ungern!
Man ist geneigt zu empfehlen, die Verantwortlichen sollten sich doch einmal an den Lösungsmöglichkeiten orientieren, die sich der Rest der atombetriebenen Welt zunutze macht, hat aber gleichzeitig große Angst davor. Angst vor dieser Wahrheit.
Also der wirklichen, richtigen, realen, ungeschönten und absoluten Wahrheit.

Stellt sich somit die Frage:
Wollen wir die Wahrheit wirklich wissen?
Sind wir überhaupt stark genug sie ertragen zu können?
Die ganze Wahrheit, nichts als die Wahrheit?
Dessen bin ich mir nicht sicher, denn manchmal gibt es Lösungen für Probleme, die sind so problematisch, da möchte man lieber seine Probleme von zuvor wieder zurückhaben.

Doch ich wäre nicht ich, wenn es mir nicht irgendwie gelänge, aus diesem Teufelskreis von Fehlinformationen mit den daraus resultierenden Missverständnissen, Wirrungen und Fehlbarkeiten wieder herauszukommen.
So nahm ich mich der unvermeidlichen Taktik der Medien, Politiker, Konzerne usw. an, und rückte mir die Nachrichten einfach so zurecht, bis sie mir (besser) gefielen, oder doch zumindest ein Lächeln entlocken konnten.
Auch wenn dieses Lächeln teilweise ziemlich verquer daherkommen sollte.
Um des Spaßes willen und natürlich aus reinem Selbstschutz, verzichte ich ganz bewusst auf besonders „harte Themen".

Dieses Vorwort möchte ich mit einer Bitte und einem Rat abschließen:
Bitte glauben Sie nicht alles, was gesagt, getwittert, gepostet, gedruckt, geschrieben oder sonst wie geäußert und veräußert wird -
Es könnte sich um etwas *Selbstgemachtes* handeln.

Und noch ein Hinweis:
Die angegebenen Daten beziehen sich auf die Entstehung der Nachrichten mit entsprechendem Anlass und /oder dem Zeitpunkt der Veröffentlichungen im *Wochenblatt Berchtesgadener Land.*

An dieser Stelle ein herzliches „Dankeschön" an Tanja Weichold und dem Wochenblatt für die über einige Jahre hinweg gegebene Möglichkeit, meine satirischen *SELBST GEMACHTEN NACHRICHTEN* in einer Zeitungs-Kolumne präsentieren zu können.

Selbst gemachte Nachrichten

Bildungspolitik: (20. Juli 2011)
In Anlehnung an die gelockerten EU-Gesetze, wie zum Beispiel dass die Gurken nun krumm sein dürfen und ein Liter Benzin auch dann als vollwertig anzusehen ist, obwohl es sich lediglich um circa 850 Milliliter handelt (!), zog das Bildungsministerium auch im Hinblick auf den zu bekämpfenden Fachkräftemangel und die Plagiatsaffären nach; Bankenmanager dürfen sich auch dann im Geschäft behaupten, wenn sie der Mathematik nicht mächtig sind. Voraussetzung ist jedoch, dass sie mit dem geistigen Unvermögen ihrer Kunden rechnen können."

Vergleiche: (27. Juli 2011)
Wissenschaftler der Uni Bayreuth haben endlich herausgefunden, wo die Ungleichverteilung des Regens auf die Erde herkommt. Seit Petrus in die Gewerkschaft Wasser und Wein eingetreten ist, hat auch er Anspruch auf Urlaub. Leider hatte er vergessen seine Vertretung richtig zu instruieren. Diese kommt nicht ganz mit den Gleichungen zurande und so kommt es eben, wie es momentan auf der Welt zugeht: Wasser zu Wasser und Staub zu Staub. Als Petrus davon erfuhr, wurde er depressiv und ließ sich auf eine Reha ein, die unglücklicherweise auch noch verlängert werden musste. Und so sitzen wir hier im Juli mit dem Regenschirm und Gummistiefeln im kühlen Nass, während die Amerikaner derzeit keinen Finger krumm machen können, vor lauter Hitze.

Politik: (03. August 2011)

Die Politikverdrossenheit der Bevölkerung macht allen Parteien zu schaffen. Bei der Planung des Bundestagswahl-Rettungsprogramms haben sie in geheimen Absprachen gemeinsam (!) DIE Lösung gefunden: Der Voice-Trainer Robin D. wird beauftragt dem Volk seine Stimme zurückzugeben. Wieder ein Schuss, der nach hinten losgeht: Durch die virtuose Ausbildung werden wir alle Superstars und können auswandern. Einzig die Frage „Wohin?" bleibt.

Währungsreform: Der Euro-Krisenstab lässt endlich Vernunft walten. Im Zuge des Stabilitätspaktes wurde hinter verschlossenen Türen ein offenes Wort gesprochen: Sämtliche Preis-, Gehalts-, Diäten- und sonstige Erhöhungen werden verboten. Zuwiderhandlungen werden ignoriert und als ungeschehen abgestempelt. Einer drohenden Inflation wird somit jeglicher Nährboden entzogen und auch der Goldpreis geht wieder dahin, wo er hingehört – in den Keller!

Rennsport: (10. August 2011)

Allen Unkenrufen zum Trotz: Der 7-fache Weltmeister der F1, Michael S. nimmt laut Angaben seines Rennstalls noch immer aktiv an den aktuellen Rennen teil und nicht, wie es böse Zungen verlauten ließen, als Fahrer des Safety-Cars. Leider wird er aufgrund mangelnder Leistungen kaum noch erwähnt und wenn, dann nur unter der Rubrik *Ferner liefen* ⋯
Ein erster Vorschlag, diesen Missstand zu unterbinden, kommt von Anna Brod∗ Sie meint: „In der modernen Journalistik sollte es in Bereichen, die auch nur ansatzweise mit Rädern oder Rollen zu tun haben, heißen: *Ferner fuhren mit* ⋯"
(∗Name von der Redaktion unkenntlich verdreht)

Zum Haareraufen:

Führende Politiker sollen mit der Vereinigung Deutscher Dentisten unter einer Decke stecken. Angeblich hätten sie vereinbart, die Defizite, welche aus den Gesundheitsreformen resultieren, insoweit wieder wettzumachen, indem sie die Gesetze so gestalten, dass sich die Bürger an deren Einhaltung die Zähne ausbeißen werden.

Das Dementi aus dem Bundestag ließ nicht lange auf sich warten. Nicht die Dentisten profitierten hiervon, sondern die Neurologen und Psychiater! Und es sei genau umkehrt, so ein Regierungssprecher: „Das Volk verlangt Gesetze, deren Formulierung und Umsetzung unter Einhaltung der bestehenden EU-Rechte zustande kommen müssen, gleichzeitig kein Lebewesen und kein Pflänzlein auf dieser Welt diskriminiert werden darf und die TROTZDEM dem Wohle und dem Wohlstand der Gesellschaft dienen sollen, was somit den Regierenden die letzten Nerven kosten und einen erheblichen Verlust ihres Haupthaares zur Folge haben wird. Womit wir zumindest einen weiteren Berufszweig haben werden, der sich darüber ins Fäustchen lachen könnte – der Haartransplantant."

Derweil gehen aber schon die Hersteller der Speichelabsauganlagen auf die Barrikaden. Sie befürchten, dass den Patienten bei der Präsentation der Kosten für Zahnersatz auch noch die Spucke wegbleiben wird und sie deshalb um den Absatz in diesem Bereich fürchten müssen, weil der Zahnarzt ja schließlich auch schauen muss, wo er bleibt. Fabrikanten von Defibrillatoren haben dagegen gut Lachen. Sie profitieren am meisten von alledem, denn ihre Gerätschaften werden immer öfter an Orten und Stellen benötigt, wo jemand zur

Kasse gebeten wird. Entsprechend sollten sich diese kleinen Lebensretter mittlerweile eigentlich in jedem Haushalt befinden, der mit einem Briefkasten ausgestattet ist. Dies sollte wiederum den Finanzbeamten zu denken geben, die eine höhere Steuer auf solche Teile erheben könnten, wenn … tja, wenn – siehe oben.

Diese Liste ließe sich unendlich fortführen.

Erziehung: (17. August 2011)

Der besorgniserregende Verfall wahrer Werte wird nun endlich Thema im Bundestag. Ausschlaggebend hierfür war der Vorfall, bei dem eine Abgeordnete der linken Fraktion eine Tür von rechts auf die Mitte ihrer Nase bekommen hatte, weil sie irrtümlich glaubte, der vor ihr durchgehende Kollege würde ihr die Tür aufhalten. Nun soll bundesweit in allen Kindergärten und Schulen eine Pflichtstunde in Sachen *Sitte und Anstand* eingeführt werden. Und da der Apfel nicht weit vom Birnbaum fällt, sollen auch die Eltern und Großeltern involviert werden, indem sie die Lernbögen ebenfalls ausfüllen müssen. Abschreiben, Spicken und Einsagen vonseiten der Schüler ist in diesem Fall nicht nur erlaubt, sondern ausdrücklich erwünscht.

Klimawandel: (17.August 2011)

Man möchte es nicht glauben, doch durch die schon lange angekündigte Erderwärmung, die sich derzeit hierzulande, vor allem durch geschmolzenen Schnee zu erkennen gibt, wird künftig auch im Berchtesgadener Land nicht mehr nur auf den Anbau von Latschenkiefern, sondern auch auf den von Wein gesetzt. Beim diesjährigen Weinfest in Bad Reichenhall wurden unter so manchem Tresen die ersten Ergebnisse heimischer Rebsorten verkostet. Leider konnten die Kritiken der Sommeliere durch ihre zam'pfetzten Lippen kaum verstanden werden. Die „Stille Post" kam zu Hilfe und versuchte wie üblich, so gut es ging, zu übersetzen: „Der eigentliche Favorit, der *Bad Rei-chenhaller Predigtstuhl – Schnürling-Kabinett*, der zum Land-ratsschoppen gekürt werden sollte, konnte in diesem Jahr lei-der nicht überzeugen, da es mit dem *Trockenausbau* noch ge-waltig hapert."

Wirtschaft:

Krise hin oder her. Gerade noch rechtzeitig kam die Meldung, dass die deutsche Wirtschaft wohl doch bessere Aussichten hätte, als zunächst an-genommen. Rechtzeitig deshalb, weil die Oberspekulanten ihren Urlaub schon auf dem Campingplatz eingeplant hatten anstatt in einem Luxusho-tel und erleichtert die Bestellungen ihrer Wohnanhänger stornieren konn-ten, noch bevor ihnen auffiel, dass sie an ihren Ferraris und Porsches gar keine Anhängerkupplung haben.

Verkehr:

Immer mehr Bürger begehren gegen immer mehr werdende Gesetze und Verbote auf und verhalten sich demonstrativ un-kooperativ, indem sie genau das Gegenteil von dem machen, was sie sollten. Um diesem gefährlichen Missstand entgegen-zutreten, hat die „Optionale Partei" den Vorschlag einge-bracht, den „Umkehrschwung" auszunutzen.
In einem ersten Versuch wurde schon mal die Anschnallpflicht durch ein „Fesselverbot" ersetzt. Laut Mitteilung des VDPC (Verein Deutscher Presse-Cafés) gab es auch schon erste Er-folgserlebnisse: Einschlägige Mitglieder aus der SM-Szene wur-den dabei beobachtet, wie sie geradezu große Lust verspürten, sich genau diesem Gesetz zu widersetzen und schnallen sich jetzt erst recht an.

Gesundheit I: Wie die Kassenärztliche Vereinigung verlautbaren lässt, hat der in *Gemeiner Mission* beauftragte Bundesagent Johann Band herausgefunden, woran es liegt, dass immer mehr Menschen eine Lesebrille benötigen. Und wieder einmal konnte die EU als schuldig überführt werden. Zitat: „Die Gesetzesbestimmung der EU, die vorschreibt Warnhinweise, Bedienungsanleitungen und mögliche Aus- und Nebenwirkungen in ausführlicher und ungekürzter Form an jedes noch so kleine Produkt anzubringen, gleichzeitig jedoch den Raubbau des Regenwaldes anprangert und somit die Papierindustrie zu Sparmaßnahmen drängt, zwingt die Hersteller zur Nutzung einer Mikroschrift, die mit dem bloßem Auge kaum noch gelesen werden kann."

Gesundheit II:

Der derzeitige Gesundheitsminister greift radikal aber wirkungsvoll durch. Alle Übergewichtigen, die gerne abnehmen möchten, wird eine Hungerkur in der Schweiz empfohlen.

Die Anwendung ist so simpel wie einfach: Auf Selbstzahler-Basis! Wo eine Pizza Margarita 24 EUR kostet, lässt der Erfolg sicher nicht lange auf sich warten.

Religion: (24. August 2011)

Eine überraschende Wende macht sich bei den Kirchen bemerkbar! Immer mehr Menschen möchten wieder in die christlichen Religionsgemeinschaften eintreten.

Ein Wunder? Nein! Seitdem durchgesickert ist, dass die Regierungsparteien darüber nachdenken, die Feiertage und Ferien, die auf Religionsbasis beruhen, wie z. B. Ostern, Weihnachten, Pfingsten, sowie auch die Himmelfahrten von Christi und Maria, wegen Desinteresse am

16

eigentlichen Thema zu streichen, werden die Anmelde-
formulare zum Wiedereintritt in die *Himmlischen Sphären*
knapp.

Verkehrspolitik: Manchmal kann man es einfach nicht glauben, in welcher Weise die verschiedensten Institutionen mit-
einander verknüpft sind. Wie jetzt herauskam, wurde die
Deutsche Telekom vom Verkehrsministerium (!) dazu angehalten, ihre Leistungen weiter einzuschränken, um damit dem
wachsenden Verkehr Herr zu werden. Begründung: Allein der
Gedanke daran, sein Telefon ummelden zu müssen und somit
die daraus resultierenden Schwierigkeiten und Probleme an
der Backe zu haben, schreckt grob überschlagen ca. 50 % der
Bevölkerung von einem Umzug ab. Dies trägt ungemein zur
Entlastung der Straßen und Verbesserung der Luftqualität bei.

Lebenshilfe:
In Anbetracht der Tatsache, dass überwiegend die Frauen
NACH dem Urlaub wieder kurz VOR einer "Urlaubs-Reife"
stehen, weil vor allem SIE die Wäscheberge der Familie in
Ordnung bringen müssen, rät die Gewerkschaft *Kleidung/Schu-
he/Taschen*, zu dem Erwerb von Einmal-Produkten. Damit ihr
Urlaub auch wirklich Sinn macht.

Staatssicherheit: (31. August 2011)
Aufgrund der Besorgnis erregend ansteigenden Krankheitsmeldungen der
noch vorhandenen Arbeitskräfte, unterstützt die Bundesregierung weiterhin die Fluglobby und empfiehlt die Reisen in ferne Länder.
Wie der Sprecher der Gesetzlichen Krankenversicherungen mitteilen ließ,
nehmen es die Deutschen erstaunlich gelassen hin, wenn sie aus dem Urlaub zurückkehren und der hier vorherrschenden Sauberkeit, der Ordnung und vor allem der Sicherheit im eigenen Land finanziellen Tribut

17

zollen müssen. Unsere Regierung verdankt dies vor allem den erlittenen Erfahrungen, welche die Urlauber während ihres Aufenthaltes im Ausland machen konnten/mussten.

Entwicklungshilfe: Die Länder, in denen unsere finanziellen Hilfen zwar unter den Armen, fälschlicherweise jedoch unter den „Armen" der Machthaber verteilt wurden, sollen endlich gründlich von Korruption und Missbrauch bereinigt werden. So hat das Ministerium für Entwicklungshilfe, trotz der nebulösen Verschleierungstaktiken dieser Länder, nochmals Gelder zur Eigenhilfe locker gemacht. Nach dem Motto: *Schmierseife statt Schmiergelder,* soll mit diesen Beträgen jedoch lediglich der Kauf von Schrubbern, Besen und weiteren Putzmitteln möglich gemacht und somit für Abhilfe und einen sauberen Abgang der Despoten gesorgt werden.

Unser **Diättipp** der Woche:
Wer kennt das nicht? Der Sommer kommt unaufgefordert zurück und die bereits angesetzten Speckröllchen, die eigentlich dem bevorstehenden Winter angedacht waren, werden beim Besuch des Freibades oder an den Seen wieder offensichtlich. Wir empfehlen die *Vic.-Beckham-British-Amuse-Diet:* Shoppen anstatt essen gehen und dabei jede Menge "Pfunde" verlieren. Selbst dem hartnäckig verbreiteten JO-JO-Effekt haben wir inzwischen etwas entgegenzusetzen. Den Bungee-Spring-Sport. Vorausgesetzt man nimmt alle seine Mahlzeiten ausschließlich während der Ausübung dieser Sportart zu sich, stellt sich ein 100%iger Erfolg ein.

Außenpolitik: (07. Sept. 2011)

Die vermeintlich falsche Entscheidung unseres Außenministers hat sich nicht, wie zunächst befürchtet, auf die deutsche Wirtschaft ausgewirkt. Vor allem unser „Know how" wird nach wie vor sehr gefragt. Als erste Soforthilfemaßnahme wird der Künstler Alfred Darda engagiert, um beim Wiederaufbau mit Rat und Tat zur Seite zu stehen. Darda ist eine Koryphäe auf dem Gebiet der Zusammenfügung von Einzelteilen. Seine bevorzugten Kurse laufen unter dem Projektnamen: „Vom Fragment zum Ganzen."

Wirtschaft: (Wunschdenken)

Wie erst jetzt bekannt wurde, kam es beim letzten Krisengipfel des UN-Sicherheitsrates zu einem Eklat ungeahnten Ausmaßes. Auslöser war zunächst eine kleine Meinungsverschiedenheit zwischen zwei Volksvertretern, deren Herkunft im Nachhinein nur noch vermutet werden kann. Der anschließende *Sturm der **Ent**rüstung* löste hierbei unfreiwillig und unerwartet den Weltfrieden aus. Die hierbei finanziell ins Straucheln geratene Rüstungsindustrie, hat nun ebenfalls ein Umdenken erkennen lassen. Sie investiert ab sofort in eine „florale **Auf**rüstung" und forstet die gerodeten Regenwälder wieder auf.

Wetterchen:

Uns sagt ja wieder keiner etwas. Nur durch Zufall und weil wir noch 1 + 1 zusammenrechnen können, sind wir dahinter gekommen, dass Petrus von seiner Reha zurückgekehrt sein muss und seine unfähige Vertretung wieder fortgeschickt hat. Bereits zum 3. Mal in Folge durfte die

Philharmonische Klangwolke bis zur Verstummung des letzten Tones über Bad Reichenhall schweben, ohne dass irgendjemand auch nur ansatzweise von oben nass wurde. Petrus muss ein großer Fan der Philharmonie sein, denn er wollte sich diese himmlischen Klänge offensichtlich durch nichts verleiden lassen.

Auch nicht von einem kleinen Missverständnis, das dank seiner souveränen Umleitung des Saalach-Windes, kaum noch zu vernehmen war. Es hieß zwar, dass die Bayernwelle Süd-Ost die Klangwolke übertragen wird, doch davon, dass sich eine Bauernwelle mit einer „Duftwolke" beteiligen würde, war nicht die Rede.

Anmerkung: Für die Organisation und Durchführung der Philharmonischen Klangwolke wurde der Innovationsclub bei einem feierlichen Festakt am 17. Juli 2014 im Festsaal des Wirtschaftsministeriums mit dem 7. Stadtmarketingpreis 2014 in der Kategorie Stadtgröße 12.000 - 30.000 Einwohner ausgezeichnet.
Zusammen mit den Partnern der Veranstaltung (Philharmonie Bad Reichenhall, Bayernwelle SüdOst, Kur GmbH und der Stadt Bad Reichenhall) wurde diese hohe Ehrung vom Staatssekretär Franz Josef Pschierer an die Bad Reichenhaller Abordnung überreicht.
Quelle: Innovationsclub Bad Reichenhall

Rückzugs-Taktik: (14.09.2011)
Nur kurze Zeit nachdem die Info durchgesickert war, dass die Guttenbergs Deutschland verlassen und nach New York übersiedeln, machten sich nicht nur im Internet schon wieder die ersten Häme breit. Zitat einer Bloggerin, deren Name lieber nicht genannt werden soll: „Es ist ja eine altbekannte Weisheit, dass nicht jeder, der zurücktritt auch wirklich verschwindet, sondern nur Schwung für einen Neubeginn holt, aber ob eine Anlaufstrecke in diesem Ausmaß für einen so großen Wassergraben ausreichen wird?"

Verbraucherschutz: (Zum Beginn der Herbst-, Volks- und Oktoberfest-Hauptsaison)
Aus gegebenem Anlass hat die Gewerkschaft der Promille-Beauftragten nochmals ausdrücklich darauf hingewiesen, dass die *regionalistische* Abgabe von Bier in Festzelten trotz mehrfacher Rechtschreibreformen, immer noch in „Maßen" heißt und nicht in „Massen".

Verkehrspolitik (Wunschdenken): (21. Sept. 2011)
Um die überhitzten Gemüter zu beruhigen, die sich wegen der geplanten KFZ-Maut (zur Erinnerung – wir befinden uns hier im Jahr 2011) auf Siedepunkt gebracht haben, hat sich unser Bundesverkehrsminister ein kleines Gusto für Autoliebhaber einfallen lassen. Damit nicht nur die Straßen wieder ansehnlicher werden, sondern auch die dafür angedachten Kraftfahrzeuge, plant er zusammen mit den Deutschen Herstellern wie Mercedes, BMW und anderen namhaften Automarken, eine Neuauflage der beliebtesten Alt-Modelle wie „Pagode", „Adenauer", „Barockengel" und dergleichen. Der Clou daran: Sie werden in originaler Erstlingsausstattung im eigenen Land gefertigt und zu den gleichen Preisen wie damals, in den Handel kommen.

Aus dem **Polizeibericht:**
Die vor einigen Tagen festgenommenen Personen, die in flagranti ertappt wurden, als sie vermeintlich erneut das Amtsgebäude in Bad Reichenhall beschmieren wollten, kamen wieder auf freien Fuß. Es hat sich herausgestellt, dass die mitgeführten Utensilien wie Farbeimer, Leiter, Pinsel und Roller lediglich dafür gedacht waren, die bereits seit vielen Wochen vorhandenen Schmierereien zu beseitigen!
Zur Entlastung trug vor allem die zuvor bereits professionell zusammengemischte Farbe bei, die genau die gleiche Nuance aufwies, wie das Amtsge-

bäude. Zitat eines der Delinquenten: „Wir konnten diese Verunstaltung einfach nicht mehr mit ansehen und wollten doch nur den ursprünglichen Zustand wieder herstellen."

Wirtschaft: (28. Sept. 2011)

Das ungewöhnlich schöne, sonnige und sommerliche Wetterchen der letzten und auch der nächsten Tage und Wochen, führt dazu, dass die Umsätze von Lebkuchen, Spekulatius und dergleichen stark sinken werden. Wie ein Sprecher der Nikolaus-Gewerkschaft mitteilte, würden deshalb die Verkaufsstrategien künftig besser überdacht und gegebenenfalls insofern geändert werden, dass dieses Weihnachtszubehör frühestens ab dem 1. Advent in den Läden in Erscheinung treten darf. Als Ausgleich für die entgangenen Umsätze dürfen die Eisdielenbesitzer ihre Saison verlängern.

Verbraucherschutz:

Ein Aufschrei der vorwiegend weiblichen Bevölkerung wird endlich erhört. Mit Hilfe der Schuhindustrie ist es der erbosten Damenwelt gelungen, die Städteplaner dahingehend zu bewegen, die Fußgängerzonen unserer Städte noch schöner zu gestalten, indem sie mit dicken, roten Teppichen ausgelegt werden, damit die kaufwilligen Damen nicht mit ihren schicken, hochhackigen Schuhen in den Ritzen der Pflastersteine hängenbleiben und sich somit ihrer eleganten Gangart beraubt sehen.

Widerstand kommt noch nicht einmal von Seiten der Schuster, die ihr Angebot mittlerweile auf das Gebiet der Orthopädie ausgedehnt haben. Anstatt Schuhe zu reparieren, werden sie die daraus resultierenden Folgen mit Einlagen und dergleichen zu bekämpfen wissen.

Der **Gesundheitstipp**: *(für zwischendurch)*
*Geht es Ihnen auch manchmal so? Nur kurze Zeit nach einem
überaus wohlschmeckenden Mahl, welches man sich in letzter
Zeit immer öfter gönnt, weil das Geld für eine Investition in
Gold oder Immobilien einfach nicht mehr reicht (...), fühlt sich
der Magen an, als hätte man ihm Bauschaum zugeführt. Sei es
aufgrund der verheerenden Nachrichten, mit denen man
tagein, tagaus konfrontiert wird, oder wegen der Lebensmittel,
die wir vorgesetzt bekommen, welche sich wegen ihrer angeblichen Schädlichkeit abwechselnd ebenfalls in den Meldungen
namentlich erwähnt vorfinden. Helfen könnte hier ein Tee, alternativ und vielleicht sogar noch effektiver, auch ein Getränk
in destillierter Form, zum Beispiel aus Anis oder Kümmel.
Doch Vorsicht ist auch hier wieder geboten: Es könnten sich
darin Spuren von Erdnüssen und/oder Alkohol befinden.*

Europa - von der Wiese bis zum Meer: (05. Okt. 2011)
Der Europäische Gerichtshof hat eine Petition von Tierschützern zur
Kenntnis genommen und den Belang aufgrund der Dringlichkeitsstu-
fe I, bereits in einem neuen Gesetz verankert. Selbiges besagt, dass
ab sofort alle Freiland-Kühe mit *Bodenhaltung* Anspruch auf einen
Kuh-Port haben, der ihnen auf der Weide Schutz vor Regen, Hitze,
Sturm und Hagel bieten soll. Landwirte, die ihren Kühen noch keinen Kuh-Port zur Verfügung gestellt haben, sind dazu angehalten,
dies unverzüglich nachzuholen. Als Ausgleich dürfen sie ihr selbst
geschlagenes Holz zu dessen Herstellung verwenden und diesen so
groß bauen, dass das Heu auch wieder reinpasst und somit die teure
(und unter uns gesagt: Landschaft verschandelnde) „Heueinpapierl-
plastikfolie" überflüssig wird, was wiederum ungemein zur Reduzierung der Verplastilierung der Weltmeere beiträgt.

Bildung:

Zu den Vorkommnissen der letzten Wochen und Monate bezüglich der mangelnden Arbeitsfähigkeit unserer Jugend und den sich dadurch abzeichnenden Problemen, die sich zwangsläufig eher früher als später ergeben, hat ein Mitglied aus dem Kultusministerium nun den Vorschlag eingebracht, zwei Pflichtfächer in den Schulen einzuführen:
Schreiben und Rechnen!"

Wahlk(r)ampf: Einer neuen Splitterpartei, die sich GFA (GERECHTIGKEIT FÜR ALLE) nennt, wurde für die nächsten anstehenden Wahlen große Chancen eingeräumt, das Ergebnis für sich entscheiden zu können, da ihr Motto lautet: „Jeder wird das bekommen, was er möchte". Wie „Spieglein online" berichtete, blieben die anderen Parteien jedoch relativ gelassen, da inzwischen durchgesickert ist, dass im zunächst verschwiegenen Untertitel der Haken bereits enthalten ist:
„...und auch das, was er verdient!"

Verkehr:

Nachdem zwischenzeitlich die Staus und die Unfälle im allgemeinen Kreisverkehr überhandgenommen haben, hat der ADAC gemeinsam mit dem Verkehrsministerium in einer außerordentlichen Sitzung beschlossen, die Autoindustrie dahin gehend zu fördern, alle Neuwägen mit wieder **sichtbaren** Blinkern **aus**-, und bereits ausgelieferte Modelle, mit unscheinbaren Vorrichtungen, **nach**zurüsten. Verkehrsteilnehmer, die bereits im Besitz dieser revolutionären Erfindung sind, werden angehalten, diese auch zu benutzen.

Und hier noch der **Gesundheitstipp** der Woche:
Die gesetzlichen Krankenkassen weisen nochmals ausdrücklich darauf hin, dass nicht alles, was im eigenen Haus und
Garten heranwächst, der Gesundheit dienlich ist. Brennnesseln zum Beispiel, sind gekocht zwar sehr gesund, die Ernte ist
jedoch nicht jedermanns Sache. Ganz besonderes Augenmerk
sollte auf Gewächse gerichtet werden, die „von ganz alleine"
in Kühlschränken heranreifen.
Hier sei sogar äußerste Vorsicht geboten!

Psychologie: (19. Oktober 2011)
Wir ahnten es schon lange, doch nun wurde von einer Kom-
mission unabhängiger Wissenschaftler zweifelsfrei bestätigt,
dass die ungewöhnliche Anhäufung von Störungen der Tele-
fon/Internet/Television-Netze in der letzten Zeit kein Versehen
oder Vergehen der Anbieter war, sondern pure Absicht unserer
Regierung!
Wie sich herausgestellt hat, sind die Bundesbürger mit der
schnellstmöglichen Behebung dieser Probleme dermaßen beschäftigt, dass sie während dieser Zeit kaum noch ein Augenmerk auf die Handlungsweisen der Regierenden haben. Ob es
diesbezüglich einen Zusammenhang mit den seltsamen Ausfällen diverser Elektrogeräte gibt, konnte hingegen noch nicht gesagt werden. Mögliche Ursachen hierfür könnten auch die vermehrte Bildung von Sonnenflecken, die Urknall-Testläufe in
Bern oder ein neues *Wirtschaftswachstums-Ankurbelungsver-
suchsprojekt* des Wirtschaftsministeriums sein.

Wirtschaft: Wie das Statistische Bundesamt in seinem neuen Bericht veröffentlichte, sind vor allem für die Gastronomie erhebliche Umsatzeinbußen zu erwarten. Dies sei zum größten Teil darauf zurückzuführen, dass es den Verbraucher günstiger kommt, wenn er zu Hause vor dem Computer oder dem TV-Gerät sitzt und sich unterhalten lässt, anstatt im Wirtshaus zu konsumieren. Lediglich die vermehrte Werbung mit den oftmals verführerischen Sofortkauf-Angeboten könnte ihm unter Umständen einen Strich durch die Rechnung machen.

Zwischenmenschliches:
Wissenschaftler der Universität Köln haben herausgefunden, dass der Begriff *Schwiegerleute* völlig zu Unrecht einen schlechten Ruf hat. Auf der Skala der beliebtesten Verwandten stehen die Schwiegereltern des Gatten/der Gattin, sogar ganz weit oben!
(Empfehlung: Falls jemand nicht draufkommen sollte - kurzes Nachdenken lohnt sich hier wirklich. Für die meisten jedenfalls.)

Angesichts der **Währungskrise** in Europa und den USA hat die Obrigkeit beschlossen sich solidarisch mit dem Volk zu zeigen. Bei Staatsbanketten und Wirtschaftsgipfeln soll künftig nur noch die Wahrheit präsentiert werden. An Stelle von Hummer, Krabben, Kaviar und dergleichen werden nur noch belegte Brote und Schnittchen gereicht. Und zwar ausschließlich an diejenigen, welche die Anfahrt mit dem Fahrrad aus eigener Kraft bewerkstelligen konnten.

Wirtschaft/Gesundheit: (26. Okt. 2011)
Es scheint, als würde unsere Regierung nicht müde, auch noch so ausgefallene Wege zu gehen, uns den letzten Cent aus der Tasche zu ziehen.

Wie bei einer geheimen Absprache unter Einzelhandel und den gesetzlichen Krankenkassen herauskam, soll (aus tatsächlich verständlichen Gründen) zunächst der weiblichen Bevölkerung Einladungen zu Unterwäsche-Modenschauen zugestellt werden. Nach Meinung von Experten, wirken sich derartige Veranstaltungen positiv auf den bewussteren Umgang mit Lebensmitteln aus. Voraussetzung hierfür sei jedoch, dass ausschließlich Models zu sehen sind, deren Körper mindestens einem BMI-Wert von 22 ... entsprechen.

Arbeitswelt:

Die Zentralen für Renten und Pensionen haben einen Weg gefunden die Arbeitskraft derjenigen zu schonen, die unter dem Burnout-Syndrom leiden. Sie werden unverzüglich durch Rentner und Pensionäre ersetzt, die allergisch auf ihren Ruhestand reagieren.

Überlebenshilfe:

Wegen Problemen mit der Trägerrakete wurde der Abschuss des ersten Galileo-Satelliten ins All abgebrochen. Ein kleiner Fehler der Wissenschaft - ein Segen für das körperliche Wohlbefinden der Menschheit!
Wie im Vorhinein bereits mehrfach propagiert, soll es sich bei dem umstrittenen Projekt um ein derart genaues Ortungssystem handeln, welches seinen Benutzer dazu verführen würde andere Straßenschilder, Warnungen und sonstige Hinweise zu ignorieren, er sich somit ganz und gar auf dieses Gerät verlassen und dadurch nahezu blindlings in der Gegend herumstolpern würde. Vom Gerät nicht erfasste Pfosten, Gruben, Abgründe und Fallen könnten also nicht kalkulierbare Gefahren darstellen. Selbst der Verkehrsminister hat dies zumindest

halbwegs eingesehen und meint:
"Vielleicht ist die Verzögerung gar nicht so schlecht. Wir könnten die Zeit bis zur tatsächlichen Einführung nutzen und die Bürger mit Protektoren, Sturzhelmen und Schutzkleidung ausstatten. Vorsichtshalber."

Abrüstungspolitik! (02. Nov. 2011)

Seit der Gesundheitsreform von 1996 verschwinden zusehends die Kuranstalten in den Badeorten.

Nun ereilt dieses Schicksal auch diverse Bundeswehrstandorte. Positiv eingestellte Menschen sehen darin jedoch eine zunehmende Gesundung und eine friedlicher gewordene Welt! Einen offenkundigen Beweis hierfür konnten all jene begutachten, die an *Allerheiligen* ihrer Verstorbenen auf den Friedhöfen gedachten. Die Gräber scheinen weniger zu werden und gleichzeitig erlebt die *„Florale Aufrüstung"* eine neue Dimension.

Einwände gab es diesbezüglich weder von den „Grünen", noch von anderen Parteien. Nicht einmal der Tierschutzbund sieht sich genötigt einzugreifen, obwohl hierbei die Verwendung von Blumento-Pferde, unabdingbar ist.

Kulturschock:
Unbestätigten Meldungen zufolge soll der bayerische Kultusminister das Vermummungsverbot geändert haben.
Zum Wohle der Allgemeinheit dürfen bestimmte Gruppen ihre Masken auch außerhalb von Fasching und Halloween aufbehalten. Auslöser für diesen Sinneswandel soll angeblich eine

Gruppe verkleideter Halbwüchsiger gewesen sein, die in der Nacht zu Allerheiligen an seiner Haustür geklingelt hatten und traditionell um Süßes baten, sonst würde er Saures bekommen. Als Gegenleistung verlangte er von ihnen die Demaskierung. Ein großer Fehler, wie sich herausstellte – so manche sahen mit ihren Piercings im Gesicht erschreckender aus als mit ihrer Maske.

Erste Hilfe:

Die Menschenrechtsorganisation Amnesty International schlägt Alarm: Bezüglich der zunehmenden Fälle, bei denen sich wildfremde Menschen mirnix dirnix gegenseitig beschimpfen, ja sogar handgreiflich werden, konnte die Bundesärztekammer zumindest eine kleine Entwarnung geben; bei diesen Angriffen handele es sich nicht um einen neuartigen Virus, wie zunächst befürchtet, sondern um eine Unterzuckerung, die auf den Zeitmangel der Delinquenten beruht. Die Bundesregierung hat bereits reagiert und lässt als Erste-Hilfe-Maßnahme überall im Land Automaten mit Traubenzucker aufstellen.

Nachbarschaftshilfe: (09. Nov. 2011)

Die eigentlich gut gemeinte Steuererleichterung für die Hotellerie hat sich im Nachhinein als ziemlich kontraproduktiv erwiesen. Die verschiedensten Ämter, Behörden und Konzerne haben mit dem Hinweis auf die vermeintlich eingesparten „Unsummen", bereits bestehende Gebühren erhöht und weitere, neu erfundene erhoben. Um diese finanziellen Verluste zu neutralisieren, kommt die Polizeigewerkschaft den Hoteliers als Freund und Helfer entgegen, indem sie vor allem an den Wochenenden leer stehende Zimmer für ihre „auferlesene Kundschaft" anmieten, da die eigenen gerade zu dieser Zeit, hoffnungslos überfüllt sind.

Verkehrssicherheit:

Wie der letzten Druckausgabe der ADAC-Motorwelt zu entnehmen ist, haben Winterreifen bei ihren Tests mit der Note „Gut" abgeschnitten. Bemängelt wurde jedoch bei einem Hersteller das Fahrverhalten auf Schnee und Eis, wohingegen die Reifen eines anderen Fabrikanten bei Eis und Schnee, nicht zu empfehlen wären.

Winterdienst:

Der besonders schöne und ungewöhnlich warme Herbst bescherte den Kommunen eine enorme finanzielle Ersparnis bei den Winterdiensten. Dennoch sind sich die Verantwortlichen klar darüber, dass sie die Fehler aus den vergangenen Jahren nicht wiederholen dürfen. So wurden zwischenzeitig große Mengen an Streusalz bevorratet und eingelagert, damit es nicht wieder zu Engpässen kommt, nur weil der Winter, wider Erwarten (!) länger als zwei Wochen dauert.

Gesundheit: (16. Nov. 2011)

Die bedenkliche Zunahme sogenannter Burn-out-Patienten hat die Politik auf den Plan gerufen. Leider können Betroffene nicht so lange warten, bis sich die Parteien und Krankenkassen einig werden, wer und inwieweit für die finanziellen Leistungen aufkommen wird. Deshalb haben Ärzte und Psychologen in einem Zusammenschluss eine Broschüre herausgebracht, die ganz einfache Ratschläge und Erste Hilfe-Maßnahmen enthält. Beispielsweise wird empfohlen sich einem Gesangverein, Kirchenchor oder einem Singkreis anzuschließen und dort mitzusingen. Menschen, die in ihrer Symptomatik bereits so weit fortgeschritten sind, dass sie darin lediglich "einen weiteren belastenden Termin" sehen, können diese leichte Tätigkeit, die sich äußerst positiv auf die Stimmung auswirken kann, jederzeit auch zuhause praktizieren. Zu Risiken und Nebenwirkungen fragen Sie aber bitte Ihre Familie und die Nachbarschaft.

Telekommunikation heute:
Die unzähligen Telefon- und Internetanbieter übertrumpfen sich seit Langem gegenseitig mit den günstigsten Flatrate-Tarifen. Wieder einmal zulasten der Verbraucher, denn vor allem die Betreiber, die keine "Sternchenklauseln" in ihren Verträgen hatten, sind hoffnungslos überlastet und können die versprochene *Richtgeschwindigkeit* im WWW gar nicht einhalten. Eine zeitliche Einschränkung beim Telefonieren haben sie ebenfalls nicht vorausgesetzt und so werden dem Nutzer die Gespräche durch Knacken in der Leitung, Echowellen und Übertragungspausen verleidet oder schließlich sogar durch Unterbrechung beendet. So mancher, der sich bei seinem Anbieter um eine Klärung bemühte, wurde mit dem Hinweis auf, Zitat: "(...) mögliche elektromagnetische Störungsfelder in unmittelbarem Wirkungskreis (...)" abgespeist. Auf die Bitte, doch einfach NUR telefonieren zu wollen, wurde geantwortet: "Nur telefonieren? Das könnte aber teuer werden."

Notprogramm:
Unsere Abgeordneten lassen sich inzwischen nur noch so selten zu den anberaumten Debatten führen, dass es sogar dem Bundestagspräsidenten zu bunt wurde, und mit einem Schmankerl der besonderen Art zum Erscheinen locken möchte. Künftig sollen alle Mitglieder, die ihren Pflichten nachkommen, mit einer anschließenden Bierprobe belohnt werden. Kritik kam

prompt vom Weinbauernverband, der seinerseits darauf besteht, diesen Plan dahin gehend zu ändern, indem der Einfachheit halber, Bier- und Weinproben zusammengelegt oder doch zumindest abgewechselt werden.

Werbung:

Der sogenannte Flick-Flack-Flitzer aus Berchtesgaden hat einen verlockenden Vertrag einer großen deutschen Werbeagentur erhalten. Mit dem Slogan: "Wäsche brauchen Sie nur dann nicht waschen, wenn Sie keine anhaben!", soll ein neues Reinheitsprodukt angepriesen werden. Mit der zu erwartenden Gage dürften zumindest die Geldstrafen, mit denen er rechnen muss, wieder neutralisiert werden und die Schuhe darf er beim Dreh des Werbeclips auch anlassen.

Bürgerwehr: (07. Dez. 2011)
Um zu verhindern, dass die Bevölkerung durch ständige Rücktritte und die unweigerlich darauf folgenden Comebacks völlig außer Rand und Band geraten, sollen derartige Schritte von Personen, die im öffentlichen Interesse stehen, nur noch dann akzeptiert werden, wenn ihre Comebacks kategorisch ausgeschlossen, oder die Kosten für die Verabschiedungen sowie Urkunden und sonstigen kostspieligen Ehrerbietungen zurückerstattet werden.

Wirtschaftsförderung:
Nein, es ist wirklich nicht jedermanns Sache, doch hat sich offensichtlich der Trend fortgesetzt, dass man bereits bei sommerlichen Temperaturen die Lebkuchen und Nikoläuse in den Verkaufsregalen sehen kann, nur weil drei Monate später Weihnachten vor der Tür steht und keiner sagen soll, er hätte davon nichts gewusst.
Der *Schnelligkeitswahn* geht weiter und es gibt kein Entrinnen!
Viele offizielle Weihnachts- und Christkindlmärkte haben sich diesem Trend angepasst und verlängern entweder ihre Standzeiten über Weihnachten hinaus oder sie beginnen damit bereits weit vor dem ersten Advent. Um selbst die hartnäckigsten Vorweihnachts-Skeptiker (zumindest kurzfristig) zum Schweigen zu bringen, haben kluge Verkaufsstrategen einen Artikel erfunden, der zum Renner der Saison avancieren soll: den Adventskranz mit fünf Kerzen!
In diesem Zusammenhang weist die Ordnungsmacht nochmals eindringlich darauf hin, dass Glühweinliebhaber keinesfalls von derartigen Events selbst nach Hause fahren sollten, auch wenn der Glühwein auf dem einen oder anderen Weihnachtsmarkt nicht einmal ansatzweise Alkohol zu beinhalten scheint.

Gesundheit: (30. Nov. 2011)

Die dunkle Jahreszeit, die mit großen Schritten ihrem Höhepunkt entgegeneilt, hat sich in einer bundesweiten Untersuchung als äußerst schädlich bezüglich des Volks-Befindens erwiesen. Die von Politik und Kirche dringendst empfohlene Anbringung von Lichterketten, und das Anzünden von Kerzen in allen möglichen Variationen haben nur geringfügige Besserung verschafft, wenngleich es zumindest etwas wärmer wurde. Um die weiterhin steigende Anzahl missmutiger Menschen einzugrenzen, wurde nun von oberster Stelle beschlossen, die Tage spätestens ab dem 23.12. wieder länger und somit auch heller werden zu lassen.

33

Bildung: (07. Dez. 2011)

In einer landesspezifischen Untersuchung aller Universitäten Bayerns, wurde herausgefunden, dass der Ansturm von Studenten nicht mehr tragbar sei. Die Politik hat bereits reagiert und in Anlehnung an den Bildungsauftrag eine Lösung gefunden. Allen jungen und arbeitswilligen Menschen, die einen soliden Handwerksberuf erlernen, sollen die GEZ-Gebühren erlassen werden, damit diese sich über einen zweiten Bildungsweg, bei eigens konzipierten Quiz-Sendungen, das nötige Wissen aneignen können, welches sie zu ihrem ganz speziellen Doktortitel brauchen. Im Angebot stehen derzeit: *Medizin:* „Wie werde ich Medizinalrat im TV?", mit Dr. Antje-Katrin Kühnemann; *Psychologie:* „Wo soll das noch enden?", mit Dieter Bohlen; *Geschichte:* „Was haben wir Mitte des letzten Jahrhunderts eigentlich verpasst?", mit Guido Knopp; *Germanistik:* „Darf man *Rechtschreibung* noch sagen?", mit Gerhard Polt. Weitere Angebote sind in Planung ...

Wahlkampf-Strategien:

Um an der Macht zu bleiben, ist unserer Regierung inzwischen jedes Mittel recht. Die Bürger werden derzeit finanziell schon so geschröpft, dass sie dem angeblich drohenden Euro-Crash äußerst gelassen gegenüberstehen können.

Ganz frei nach dem Motto: „Wer nichts hat, kann auch nichts verlieren."

Wirtschaft: (14. Dez. 2011)

Nachdem jetzt alle Haushalte im Besitz von Adventskränzen mit 5 Kerzen sind, bereitet sich der Einzelhandel nun auf den Heiligen Abend vor. Derzeit stehen auf der Liste der zu beschaffenden Dinge ganz oben auf

Platz 3: Goldige Gewänder

Platz 2: Scheinheilige Heiligenscheine und auf
Platz 1: Rauschgolden-Gel.
Letzteres ist vermutlich durch die übermäßigen Glühwein- und
Punsch-Proben der Chefeinkäufer entstanden.

Weltpolitik: Endlich konnten sich die völlig übernächtigten Mitglieder der letzten Klimagipfelkonferenz in Durban auf einen gemeinsamen Konsens einigen. Künftig sollen zumindest Veranstaltungen dieser Art aus Klimaschutzgründen (!) nur noch in einer sogenannten „Geschlossenen Gruppe" auf einer Plattform im *Social Network* stattfinden. Hierbei können sich die Minister und ihre Delegationen aus aller Herren Länder jederzeit treffen und diskutieren, solange der Strom fließt, ohne die Luft durch ihre Fliegerei weiter zu verpesten. Ein Gruppenbeitrittsantrag außenstehender Personen muss jedoch genauestens geprüft und einvernehmlich gestattet werden.

Währungsreform: Zwischenzeitig wurde auch bekannt, dass sich die USA, China und Indien nicht nur schwer mit dem Klimaschutz tun. Nein, sie sträuben sich auch weiterhin vehement, den Euro auf die Rote Liste der gefährdeten Arten zu setzen. Nun soll eine neue Rasse gezüchtet werden, deren Erwerb nur noch gegen echte Arbeit, respektive Verdienst zu haben ist. Die Namen stehen bereits so gut wie fest: Der *Knieling* wird den Cent und der *Bückling* den Euro ablösen.

Schöpfungstheorien:
Nicht nur Columbus wusste, dass die Erde keine Scheibe ist. Nein. Wir alle wissen das inzwischen. Sie wurde rund geschaffen, damit sie sich drehen und den Menschen wechselnde Klimazonen ermöglichen kann. Wie Theologie-Studenten der Uni Mainz kürzlich herausfanden, sind die Naturgesetze absolut

sinnvoll. Um eine überhandnehmende Depression der Bevölkerung zu vermeiden, wurde zum Beispiel der Schnee so gestaltet, dass er weiß zu Boden fällt und das bisschen Licht in der dunklen Jahreszeit unzählige Male reflektieren lässt, sodass aus dem gräulichen Umfeld eine freundliche, helle Umgebung wird.

Sportshow: (21. Dez. 2011)
Nachdem es mit der Olympiabewerbung für Bayern nicht hat sollen sein, kommt von unverhoffter Stelle, wie ein Weihnachtsgeschenk des Himmels, nun die Zusage von Stefan Raab, dass er seine Jubiläums-Wok-WM am Königssee austragen wird. Ein Ereignis, auf das die Menschheit gerade noch gewartet hat. Dennoch wird vor allem vonseiten des Landwirtschaftsministeriums davor gewarnt dieses Event nicht allzu wörtlich zu nehmen und die Eisbahn mit Reis zu bewerfen, da eine solche Aktion nicht nur eine verheerende Bremswirkung hätte, sondern auch ein schlechtes Licht auf unsere Solidarität mit den hungernden Völkern in der Welt werfen könnte.

Wirtschaft:

In Anbetracht der in nächster Zeit zu erwartenden Umtauschwelle von ungewollten Geschenken, hat es unsere Bundesregierung zum Anlass genommen, ausnahmsweise einmal wirtschaftliche Interessen mit denen des Einzelhandels zu vereinen und ein Gesetz zu erlassen, welches besagt, dass nur noch die Geschenke umgetauscht werden dürfen, die entweder nicht passen oder einem nicht passen oder nicht passend gemacht werden können.
Der Umtausch von unpässlichen Regierungsvertretern sei jedoch ausdrücklich von dieser Regelung ausgenommen.
Mit anderen Worten: Alles bleibt, wie es ist ...

Werbung: (28. Dez. 2011)
Die bevorstehenden tollen Tage und Nächte, in denen laut und stinkend herumgeschossen werden darf, bereiten vor allem den Tieren echte Probleme. Den frei lebenden können wir zwar nicht direkt helfen, doch für die eigenen Haustiere gibt es jetzt "Ohrzu". Ohrzu ist für alle Tiere in allen Größen erhältlich, lässt sich ganz einfach über den Kopf ziehen und mit einem Klettband befestigen. Er wirkt wie ein Schalldämpfer und verhindert so, dass unsere Lieblinge ihr Vertrauen am menschlichen Verstand endgültig verlieren.

Aufklärung: Die Ankündigung der EU, dass ab 2014 für jeden Bürger ein 22-stelliges Konto bereitstehen wird, hat zu erheblichen Missverständnissen geführt. Angesichts der Tatsache, dass diese Verkündigung parallel zur Weihnachtszeit verbreitet wurde, dachten vor allem die Arbeitnehmer, dass es sich hierbei um ein Geschenk mit gerechter Umverteilung handeln wird, und spielen nun mit dem Gedanken ihren Job gleich nach den Weihnachtsfeiertagen zu kündigen. Um Schlimmeres zu vermeiden, soll nun in allen öffentlich zugänglichen Medien eine Gegendarstellung erscheinen: Nicht das Konto wird 22-stellig sein, sondern lediglich die Kontonummer und das auch nur, weil alles „einfacher" werden soll ...

Abschied: Kurz nach dem unerwarteten und völlig überraschenden Heimgang Johannes Heesters wurde bekannt, dass er als Vorreiter der künftigen Arbeitszeit in die Annalen der Rentenversicherungen eingehen soll. Der Widerstand vonseiten der Gewerkschaften hielt sich in Grenzen – lediglich ein paar kleine Nebensächlichkeiten wurden zur Bedingung gemacht: Zum einen, dass die Arbeit generell lediglich aus Singen und Tanzen bestehen dürfe und zum anderen muss sich die Vergütung dem Einkommen des verstorbenen Entertainers anpassen.

Epidemie-Gefahr?

Nach „Joopie" ist schon wieder ein über 100-Jähriger von uns gegangen. Weshalb sich diese Fälle in letzter Zeit häufen, konnte auch auf einer kurzfristig anberaumten Pressekonferenz leider nicht zweifelsfrei erklärt werden. Fest stehe allerdings, dass global gesehen naturgemäß gerade den über 100-jährigen Menschen nur noch eine relativ kurze Lebensdauer eingeräumt wird.

Einzelhandel: (4. Jan. 2012)

Die obligatorische Weihnachtsgeschenkeumtauschwelle wird in den kommenden Tagen ihren Höhepunkt erreichen. Besonders stark betroffen in dieser Saison ist die Silikon-Branche. Wie der Vorstandssprecher des Silikonverbandes auf Anfrage mitteilte, sei die Unzufriedenheit der Kunden vor allem auf die Produktmängel zurückzuführen. Es sei sogar zu befürchten, dass die bereits fest einkalkulierten Deals mit Großkonzernen für 2012 platzen werden.

Vorsatz:

Laut einer Studie der Konsumforschungsanstalten wird nichts
so schnell über Bord geworfen wie der vermeintlich *Gute*
Vorsatz der überwiegenden Bevölkerung Deutschlands, im
Neuen Jahr an Übergewicht zu verlieren. Einzig der Wunsch
das Rauchen aufzugeben hält sich aufgrund der erneuten
Steuererhöhung bis ca. Mitte Januar.

Währungspolitik:

Das Wissen um die Tatsache, dass auch jetzt nach 10 Jahren Euro
immer noch weit über 14 Mrd. DM irgendwo brach herumliegen
müssen, lässt unsere Regierung vor lauter Wut rot anlaufen. Wie
Psychologen der Universität Wien bestätigen mussten, liegt das jedoch daran, dass sich die Deutschen nur etwas auf die hohe Kante
legen wollten, falls einmal etwas mit dem neuen Geld sein sollte.

Umweltsch(m)utz:

Der Verein der Steuer(be)zahler hat eine weitere Verschwendung öffentlicher Mittel angeprangert. Wie ein Sprecher auf
Anfrage mitteilte, soll angeblich eine teure Langzeitstudie in
Auftrag gegeben worden sein, die herausfinden soll, weshalb es
jährlich immer genau zum selben Zeitpunkt, nämlich in der
Nacht vom 31.12. auf den 01.01. zu einem enormen Anstieg
der Feinstaubbelastung über den Städten kommt. Jeder halbwegs normale Bürger hätte das auch ohne weiteren finanziellen
Aufwand beantworten können.

Sicherheit: (11. Jan. 2012)

Um uns Bürger vor Ungemach zu schützen, ist der EU nichts zu
viel oder zu kompliziert. Vor allem die äußerst brandgefährli-

che Weihnachtszeit habe es dem Rat der Ratlosen jetzt im Nachhinein angetan und so sollen nach den schwer entzündlichen Feuerzeugen und den selbstlöschenden Zigaretten künftig nur noch unbrennbare Kerzen in den Handel gelangen. Selbst mit den Weihnachtsbäumen hatte die Feuerwehr beim Knutfest in diesem Jahr allerhand zu tun. Es kostete sie große Mühen und vor allem viel teuren Sprit, sie zum Brennen zu bringen.

Zeitsparmaßnahmen: Zeit ist Geld! Das haben jetzt endlich auch unsere Volksvertreter verstanden. Die Ereignisse und Skandale der letzten Wochen haben gezeigt, dass Vereinfachungen im Staatshaushalt unabdingbar sind. Als erste Maßnahme werden die Bilderrahmen, die in den öffentlichen Amtsgebäuden hängen und unser jeweiliges Staatsoberhaupt zeigen, vorsorglich mit Schnellwechselrahmen ausgetauscht. Damit zumindest die Hausmeister effektiv arbeiten können.

Schicksalsjahr 2012?

Wie soeben von oberster Stelle versichert wurde, wird es auch 2012 KEINEN Weltuntergang geben, da der Bau einer zweiten Arche nicht genehmigt wurde. Zwar ließen sich die Tierschutzvereine davon überzeugen, dass eine nicht ganz artgerechte Unterbringung immer noch besser wäre als gar keine, und auch den Architekten konnte der Begriff „ellenlang" noch vermittelt und eingebläut werden, doch letztlich bekam die Steuerbehörde Wind von der Sache und nahm Noah mit der Begründung *Verdacht auf Fluchtgefahr* in Untersuchungshaft. Der einfachste Beweis für den Fortbestand der Welt ist jedoch in jedem guten Haushalt im Vorratsregal zu finden. Eine Konservendose, die bis ins Jahr 2014 haltbar ist, genügt.
(Anmerkung der Red.:
Inzwischen haben wir das Jahr 2014 tatsächlich erreicht – siehe Erscheinungsdatum im Impressum - und die Dosen im Vorratsschrank versprechen jetzt ein MHD bis zum Jahr 2017)

Umdenken: (18. Jan. 2012)

Nach einem weiteren Nachbarschaftsstreit mit prominenter Beteiligung (Georg Hackl) und *hackligem* Ausgang setzte unter den Jugendlichen ein Umdenken bezüglich ihrer Berufswahl ein. So hat sich die Rangliste der beliebtesten Berufsziele folgendermaßen verschoben:

Auf **Platz Nr. 4** abgerutscht, der äußerst unlukrative Wunsch Hartzler zu werden; unverändert auf **Platz Nr. 3** steht die Spielerfrau/der SpielerInnengatte; **Platz Nr. 2** steht nun der Superstar, der von der neuen **Nr. 1** verdrängt wurde:

77 % der heutigen Jugend haben nun den Wunsch ABSTANDSFLÄCHENBESITZER/IN – sprich: HausbesitzerIN mit großem Grundstück zu werden und dadurch ganz viel Abstand zu den Nachbarn zu haben.

Private Kleinanzeigen. (25. Jan. 2012)

Zu verkaufen*: Schneefräse, kaum gebraucht, aus persönlichen Gründen, in gute Hände günstig abzugeben. Tel.: 08652-*****

Bekanntschaften**: Braun gebrannter Charmeur in bestem Mannesalter und mit blühender Fantasie sucht gutgläubige Anwältin mit hervorragender Überredungsgabe. Handy: 0039 (0)1723*****

Stellensuche***: Baron mit ambivalenter Interpretationsstruktur sucht Interimsjob auf permanenter Führungsbasis Tel.: derzeit 001 (0)212*****

*In Anlehnung auf die Streitigkeiten/Körperverletzung zwischen Georg Hackl und seinem Nachbar – siehe auch SGN vom 18. Jan.2012)

** In Anlehnung an den Skandalkapitän, der seinerzeit mit als einer der Ersten das sinkende Schiff, die Concordia, verließ und eine haarsträubende Geschichte erzählte.

*** In Anlehnung an die Übersiedlung der Fam. von Guttenberg in die USA. Formulierungs-Quelle: Internet - Philip Broughton: „Wie man beim Formulieren unschlagbar wird."

Gesundheitsprävention:

Umgestürzte Bäume, gesperrte Straßen, Lawinenopfer, Sturmschäden. In Anbetracht der zunehmenden Unwetterwarnungen, die mit Gefahren für Leib und Leben einhergehen, überlegt die Bundesregierung an solchen Tagen die jeweils betroffenen Gebiete für arbeitsfrei zu erklären. Zuspruch kommt von den Krankenkassen, die sich eine Entlastung in zweistelliger Millionenhöhe versprechen, da es auf diese Weise erheblich weniger Unfälle mit Verletzten geben soll. Auch die Arbeitgeber zeigten sich offen für diesbezügliche Gespräche, müssen jedoch aus wirtschaftlichen Gründen darauf bestehen, dass die Warnungen frühzeitig angesagt werden, damit die Arbeiten als Hausaufgaben mitgegeben werden können, sofern möglich. Gegenwind kommt diesmal erwartungsgemäß von der Automobilindustrie.

Wechselkennzeichen: (1. Feb. 2012)
Zum Ehren-Eulenspiegel-Orden-Träger für dieses Jahr wurde Wolfgang Schäuble vorgeschlagen und gilt als Favorit.
Die Begründung: „Mit dem Vorhaben zur Einführung der Wechselkennzeichen für KFZ hat er maßgeblich dazu beigetragen, aus den Einsparungen, die seine Variante mit sich bringt, die erforderliche Menge an Rohstoffen freizugeben, die nötig sind, um einen Orden dieser Größe herstellen zu können." Das erforderliche Band zur Anheftung soll angeblich vom ADAC gestiftet werden.

Programmänderung:
Die Fernsehmacher sind zu dem Schluss gekommen, dass aus dem Sumpf gefischte, oder an den Haaren herbeigezogene Sendungen wie z. B. *Dschungelcamp* wegen "Mangelnden Interesses des potenziellen Publikums, aufgrund ganz normal erscheinender Alltagsszenen (...)", eingestellt werden sollen. In der frei werdenden Sendezeit soll nun Lothar Matthäus mit einer eigenen *Soap* die Zuschauer erschrecken. Die FSK ist derzeit bei den Dreharbeiten vor Ort, damit sie sich einen Eindruck verschaffen kann, bis zu welchem Alter diese Sendungen geeignet sein könnten.
(Leise Verlautbarung aus der Redaktion: "Hilfe! Was denn noch?")

Schlussstrich:
Die überhandnehmenden Insolvenzen und Abwanderungen großer Firmen und Konzerne haben dazu geführt, dass es künftig keine Subventionen mehr von staatlicher Seite geben wird. Im Gegenzug sollen Auflagen und Knebelgesetze hinfällig werden, was dazu verhilft, dass Investoren und Macher wieder Chancen auf Eigenständigkeit und Gewinn haben. Der EU-Rat ist ausnahmsweise ebenfalls dafür, können doch die dadurch zu erwartenden Erlöse wieder anderweitig eingezogen werden.

Geschäftsidee: (08. Feb. 2012)
Not macht erfinderisch, heißt es, und von daher verwundert es einen nicht wirklich, dass findige Bürscherl den Fleurop-Service in Anspruch nehmen wollen, um die in letzter Zeit stark verbreiteten Eisblumenwucherungen an den Fenstern dahin schicken zu lassen, wo sie hingehören – an den Nordpol!

Kochkunst:

Banker, die demnächst in den Ruhestand gehen, sollen als Präventivmaßnahmen zur Abwehr von Altersdepressionen kostenlose Kurse bei der Volkshochschule erhalten. Besonders beliebt sollen ja die Kochkurse sein. Allerdings darf davon ausgegangen werden, dass sie die Zeiten, in denen es ums "In die Pfannen hauen" geht, wegen hinreichender Erfahrung schwänzen dürfen.

Europäische Gesetzgebung: (15. Feb. 2012)

Es ist doch einfach nicht zu fassen!- Kaum haben sogar Gefängnisinsassen mit Begeisterung feststellen können, wie friedlich *Stricken* stimmt und dass sich diese Beschäftigung als ideale Antiaggressions-Strategie eignet, wird es schon wieder von der EU verboten. Angeblich, weil es vorkommt, dass irgend etwas fallen gelassen wird, vor allem jedoch wegen der Verwendung rechter und linker Maschen.

Narretei I:

Bezug nehmend auf die verheerenden Auswüchse in Griechenland hat die EU nun beschlossen, die Troika zurückbeordern und stattdessen den Mainzer Elferrat hinzuschicken. Dies sei vermutlich die letzte Möglichkeit doch noch zu einer Einigung zu kommen, auch wenn es vermutlich mit der Vernichtung eines erheblichen Vorrates von Ouzo einhergehen wird.

Narretei II:
Jetzt, da die Piraten nicht mehr nur die Karibik und die Leinwände, sondern auch die Politik geentert haben, wurde der Name „Depp" (vielleicht) ganz offiziell von der Liste der Schimpfwörter gestrichen. Zumindest bis Aschermittwoch.

Nepper, Schlepper, Bauernfänger:
Die Kriminalpolizei warnt vor einer neuen Betrugsmasche, die vor allem bei Kleinunternehmern und Mittelständlern mit eigenem Firmenlogo zum Tragen kommt. Ihnen wird derzeit die Anschaffung von Werbegeschenken in Form von Kugelschreibern nahegelegt mit dem Slogan: „Beschenken Sie ihre Kunden mit diesem formschönen und edlen Kugelschreiber. Damit bringen Sie sich und Ihr Unternehmen in Erinnerung und schreiben künftig womöglich nur noch schwarze Zahlen." Damit dieses Versprechen auch wirklich eingehalten werden kann, sind diese lediglich mit schwarzen Mienen erhältlich.

Verkehr I: (22. Feb. 2012)
Aschermittwoch-Schock? Um der stark ansteigenden Anzahl von Schwarz- und Trunkenheitsfahrten und den daraus resultierenden verheerenden Auswirkungen im Straßenverkehr entgegenzuwirken, hat das Verkehrsministerium beschlossen, künftig nur noch Automobile zuzulassen, die sich per Chiperkennung lediglich von Personen MIT gültigem Führerschein bewegen lassen. In einem zweiten Schritt werden sie so eingestellt, dass die fahrende Person nicht nur über einen Führerschein verfügen muss, sondern unabhängig davon auch in der Lage sein wird, fahren zu können! →

(Anmerkung aus der Red.: "Damit könnten die Straßen endlich mal so richtig frei werden.")
(Stand 2014: Leider wurde diese Idee bis heute noch immer nicht umgesetzt und die „wahren" Nachrichten überschlagen sich mehr denn je mit Meldungen über schlimme Unfälle und Vergehen diesbezüglich)

Verkehr II:

Bis die vorangegangene Lösung umgesetzt werden kann, behelfen sich derweil die Rundfunk-ModeratorInnen mit der Durchsage von lediglich stau- und behinderungsfreien Strecken. Dies bedeutet nicht nur eine Schonung der Stimmbänder, sondern macht gleichzeitig auch Sendeplatz frei für Musik, Informationen und andere Annehmlichkeiten.

(Flug)-Verkehr III:

Nachdem die beiden vorherigen Meldungen an die Öffentlichkeit kamen, machte sich sofort Unmut unter den Reiselustigen breit. Doch auch das Ausweichen aufs Fliegen hat sich in letzter Zeit nicht direkt als das *Gelbe vom Ei* herausgestellt. Um wenigstens die Nerven der Fluggäste einigermaßen zu schonen, soll jetzt nur noch an den Tagen gestreikt werden dürfen, an denen aus wettertechnischen Gründen sowieso kein Flugverkehr möglich wäre.

Winterspiele: (29. Feb. 2012)

Es war ja wirklich nett vom lieben Petrus, die Ski- und Rodelsaison doch noch mit herrlichem Schnee zu versehen und dadurch zu verlängern. Nur die Buckelpisten-Fans kamen heuer leider halt so gar nicht ganz auf ihre Kosten, weil es in den Bergen inzwischen an geeigneten Strecken mangelt. Durch das Tauwetter kamen sie jetzt jedoch wieder zum Vorschein. Offensichtlich wurden sie vom Verkehrsministerium auf die Straßen verlegt.

Frühlingsdiättipp: Die milden Temperaturen der letzten Tage rufen, genetisch bedingt, vor allem bei uns Frauen wieder ein altbekanntes Körperbewusstsein in Erinnerung. Doch auch die Gesundheitskassen warnen davor, zu viel, beziehungsweise in diesem Fall, zu wenig Gewicht in die Waagschale zu legen. Sie sollten sich ganz einfach der Tatsache bewusst werden, dass die Männer, zumindest in den meisten Fällen, auf kurvenreiche Strecken an den richtigen Stellen *abfahren*. Auch das ist genetisch bedingt.

Wirtschaftsförderung der klassischen Art: Verbraucherschützer haben kürzlich aufgedeckt, dass hinter den erneuten Strompreiserhöhungen die Gewerkschaft „Nahrung Genuss und Gaststätten" steckt. Vor allem für Liebhaber von Pizza ist es inzwischen günstiger geworden, sich ein Produkt ihrer Begierde in einem Lokal zu bestellen. Gleiches gilt für Schweinebraten, Dampfnudeln und andere Gerichte, die zu Hause im Backofen mittlerweile einfach zu teuer würden. Hierdurch sollen die Gäste wieder vermehrt den Weg in die Gaststätten finden.

Angenehmster Nebeneffekt: Wenn die Preise für Heizöl, Gas und Co. weiter so steigen, kann man sich selbst auch noch prima aufwärmen.

Reisewellen: (07. März 2012)

Die unglaublichen Ereignisse der jüngsten Zeit bezüglich Urlaubsunternehmungen mit Luxuslinern haben sich relativ ungewöhnlich auf das Angebot der Reiseveranstalter ausgewirkt. Luxuskreuzfahrten werden neuerdings nicht mehr als Erholungsreisen angeboten, sondern als Abenteuerurlaube. Laut Angaben der Sprecherin für Reisen und Tourismus soll die Nachfrage enorm gestiegen sein. Lediglich die Preisgestaltung bereitet noch Kopfzerbrechen und Magen-Darm-Probleme.

Gruppendynamik:
Alle Jahre wieder zeigen sich nach dem Wegschmelzen des Schnees, die unschönen Hinterlassenschaften vermeintlicher Umweltsünder, die ihren Müll achtlos aus den fahrenden Autos in die ursprünglich schöne Landschaft gesteckt haben.
Jetzt hat die freudsche Universität in Wien aber festgestellt, dass es sich hierbei um die unbewusste und unterdrückte Sehnsucht der Delinquenten handelt, sich im Anschluss an ihre Freveltat, freiwillig für Sauberkeitsaktionen à la „Ramadama" zu melden, nur um endlich mal wieder soziale Kontakte knüpfen zu können.

Veränderungen:

Diskussionen um die Gier einiger Nimmersatte reißen in diesen Tagen einfach nicht ab. Nun soll, ähnlich wie bei den Änderungen für ehemals Arbeitsamt und Anwohnerausweis, geklärt werden, ob der Ausdruck *Ehrensold*, nicht ein Widerspruch in sich ist und somit zumindest eine Namensänderung erfährt.

Fastenzeit: (14. März 2012)
Erstaunlich, wie leicht es den Menschen fällt, auf viele Dinge zu verzichten. Ganz oben auf der Liste stehen: Spaßbremsen, Spazierfahrten mit dem **Großen Wagen**, die Nutzung von Stufen im Fitness-Center, obwohl Rolltreppen und Lifte vorhanden sind, Urlaube in Ägypten und Griechenland und – man höre und staune – für 98% der Bevölkerung ist es laut Umfrage, ein Leichtes, auf Preissteigerungen aller Art zu pfeifen.

Finanzkrisenbewältigung:
Diese Überraschung ist gelungen. Griechenland soll in letzter Zeit enorme Anstrengungen unternommen haben, aus seiner Finanzmisere herauszukommen. Doch nicht die Auflagen und Bedingungen der EU waren die Auslöser, sondern die Drohung der privaten Investoren, den TV-Schuldenberater Peter Zwegat mit einer Delegation Helfershelfer ins Land zu entsenden.

Bio–Logik:
Als „aus biologischem Anbau" deklarierte Kartoffeln, die in der Nähe von Autobahnen und/oder in Einflugschneisen *aufwachsen*, dürfen laut neuer Bestimmungen der Verbraucherschützer und der Ärztekammer nach Verzehr mit einem biologischen Doppelkorn *to go* neutralisiert werden.

Bikinizone: (21. März 2012)

Zunehmend mehr Frauen legen sich für einen strafferen Körper unters Messer und nehmen hohe Kosten und noch höhere Risiken in Kauf. Wie Sie beides umgehen können (im wahrsten Sinne des Wortes) verriet jetzt die Sprecherin des DÜV (Defizitgesteuerter Überlebenshilfe–Verein): "Unerwünschte Pölsterchen lassen sich ganz einfach mit der Kombination von noch gesunder Nahrung und nicht Gesundheit gefährdender Bewegung vermeiden. Bei bereits vorhandenen Speckröllchen, die gerade jetzt wieder unvermittelt auftauchen könnten, wird die Anwendung sogenannter „*Klappmesser*" empfohlen."

Erfindungsgeist:
Kaiserschmarrn und Weißwurst sind nur einige Beispiele für rein zufällige Geniestreiche. Nun war es eine Käseglocke, die dazu verhalf, eine für alle Beteiligten optimale Lösung für das (Kirchholz)-Tunnelproblem zu finden: die doppelwandige, hagelfeste Plexiglas-Röhrenüberdachung der Umgehungsstraße. Sie verbindet kostensparenden Lärmschutz, das sichere Überqueren für Fußgänger (dank Überbrückungen), und mit ihrer Transparenz ist sie hervorragend dazu geeignet, Klaustrophoben die Angst zu nehmen. Optimaler Nebeneffekt: Den Touristen wird der Blick auf die herrliche Bergwelt nicht verwehrt. Wie vom Patentamt bestätigt wurde, nehmen die Anfragen auf die Lizenzrechte bereits überhand.

Lebenshilfe:
Das Verkehrsministerium und das Ministerium für Landwirtschaft haben in einem Konsens beschlossen, dass überflüssige Lebensmittel, die überflüssigerweise in Tonnen (!) weggeworfen werden, nun mit den überflüssigen Lkws, die unsere Straßen verstopfen, dort hingebracht werden sollen, wo sie nicht überflüssig sind.

Saisonstart: Die Eisdielenbesitzer starteten die heurige Saison mit einem krisengerechten Slogan: „Das Leben ist kein Zuckerschlecken, doch manchmal schadet es einem nicht wirklich, so zu tun als ob!"

Tierisch: (28. März 2012)
Alle Vögel sind schon da und passen sich verblüffend schnell den modernen Gegebenheiten an. Das müssen derzeit vor allem die Freiluft-Telefonierer erfahren. Ständig glauben sie, dass ihr Telefon läuten würde, weil Amseln, Stare und Co ihren

Klingelton imitieren. Ja, sogar ganze Melodien bringen diese fehlerfrei zustande. Dieter Bohlen hat sofort reagiert und startet eine neue Castingshow: *Deutschland sucht den Klingelton-Star.* (Siehe auch Seite 212)

Flensburger Spezialitäten:
Wissenschaftler der Uni Trier haben in einer groß angelegten Studie herausgefunden, mit welchen Tricks sich die neuen, harten Bestrafungen bei verkehrswidrigem Verhalten geschickt vermeiden lassen.
Wie bereits aus den (noch geheimen) Dokumenten durchgesickert ist, steht auf Platz Nr. 3: Sich nicht erwischen zu lassen, gefolgt von Platz Nr. 2: Die unangenehmen und Preis gesteuerten Gegebenheiten umgehen, indem man auf die Verwendung von Fahrzeugen mit Verbrennungsmotoren verzichtet. Und die ultimative Nr. 1 lautet angeblich: Der Einfachheit halber möge man sich ganz einfach an die Verkehrsregeln halten.

Zeitprobleme:
Lange Zeit wurde die Tatsache, dass besonders die älteren Menschen in unseren Breitengraden immer *lätscherter* wirken und sich antriebslos fühlen, sobald der Sommer vor der Tür steht, auf die klimatischen Veränderungen geschoben. Durch einen Jahrzehnte andauernden Selbstversuch kamen nun aber nachfolgende Generationen dahinter, dass es nicht das Klima ist, was die Menschen so fertigmacht, sondern die zweimal im Jahr stattfindende Zeitumstellung.

Tierisch I: Die davongaloppierenden Öl- und Energiepreise zwingen auch die Kommunen dazu, ungewöhnliche Wege zu gehen. So sollen künftig beispielsweise dieselbetriebene Baumfäll- und Wurzelentfernungsmaschinen durch Biber und Termiten ersetzt werden. Diese sind bereits vorhanden, kosten wenig Unterhalt und arbeiten vor allem sehr leise und effizient. Allerdings sind sie kaum zu bremsen und von daher braucht es einen Wildtier-Dompteur, der sie im Zaum hält.

Finanzielle Relativitätstheorie:

Das Verhältnis der Gehälter von Managern, Vorstandsvorsitzenden und dem Rest der Erwerbstätigen zu ihrer jeweiligen Leistung, verhält sich im Allgemeinen relativ unverhältnismäßig.

Aufgedeckt: (4. April 2012)

Dass die Firma Apple ihre iPads in China herstellen lässt, ist längst kein Geheimnis mehr. Dass aber der Verdienst der Fabrikarbeiter für die Namensgebung herhalten musste, schon. Daher muss wohl auch der Spruch kommen:
„Für 'nen Appel und 'n Ei."

Aufgetischt:

Steuer beinhaltet das Wort *teuer* prozentual gesehen sogar in beinahe gleichem Verhältnis, wie sich Steuern im Spritpreis befinden. Deshalb hat die Bundesregierung beschlossen, den Diskussionen um die Spritpreisver(s)teuerungen die Schärfe zu nehmen, indem sie die *Steuer* grundsätzlich abschaffen und durch **Teuerchen** ersetzen möchte. Dies entspricht zwar in keinster Weise den Wünschen ihrer Wähler, aber es hört sich zumindest ein bisschen netter an.

Abserviert:

Die Pleite der Fa. Schlecker war kein Zufall! Nach dem Motto: *„Aus Schlecker wird Lecker",* war von Anfang an geplant, dass die damit verfügbaren Arbeitskräfte übergangslos in die Gastronomie und Hotellerie vermittelt werden sollen. Dies käme nicht nur den Gästen zugute, die sich wieder ordnungsgemäß und anständig verwöhnen lassen können, sondern birgt auch Vorteile für die ArbeitnehmerInnen selber, die endlich eine gut bezahlte Stelle mit dankbaren (!) Arbeitgebern erhalten.

Sportskanonen:

Um irgendwelche, nicht so einfach zu überprüfende Behauptungen aufstellen zu können, werden die Menschen immer einfallsreicher. Neuester Trick in Zeiten der Bequemlichkeiten: Sie melden ihre Stubentiger in den Fitness-Centern an, nur damit sie behaupten können, sie hätten einen Muskelkater.

Kriminalstatistik: (11. April 2012)

Laut Bundesamt für Statistik ist die Anzahl der Verbrechen in Deutschland in letzter Zeit ungewöhnlich stark zurückgegangen. Angeblich soll es kaum noch welche geben, die eine Inhaftierung der Delinquenten zur Folge hätte. Wie das Königlich Bayerische Amtsgericht durchsickern ließ, liegt das wohl daran, dass die Häftlinge künftig ihren Aufenthalt bezahlen müssen. Die Preise variieren zwischen 20,-- Euro / Übernachtung in der Holzklasse mit indischer Dusche (über den *Ganges*), bis zu 1500.-- Euro / Ü. in der Luxusklasse mit eigenem Butler.

Oster-Nachlese I:

Das Betriebsspionageverbot für die Besucher der Automobilmessen blieb offenbar erfolglos. Dies mag zum einen daran liegen, dass Verbotsschilder im Allgemeinen kaum noch und von ausländischen Besuchern im Besonderen überhaupt nicht mehr beachtet werden. Wie dem auch sei – es tauchen immer wieder neue Fabrikate aus dem Ausland auf, die den unsrigen zum Verwechseln ähnlich sehen und sich lediglich durch andere Embleme unterscheiden. Nun schlug die Automobilbranche zurück und jubelte den Wirtschaftsagenten pünktlich zu Ostern ein Kuckucksei unter. Die vermeintlich geheimen Pläne für die neue, energiesparende Generation von Automobilen wurden erwartungsgemäß geraubt, kopiert und verbreitet. Wie aus eingeweihten Kreisen zu vernehmen ist, sollen in Fernost bereits Werke für *„Tretautos"* gebaut werden.

Oster-Nachlese II:
Die Meldungen bezüglich gesundheitsgefährdender Ostereierfarben haben in diesem Jahr dazu geführt, dass ein Großteil der Verbraucher auf das Färben gänzlich verzichtet hat.
Dies führte zu einer besonders eindrucksvollen und äußerst spannenden Eiersuche, da die weißen Eier im Schnee kaum aufzufinden waren. Spiel, Spannung und Spaß für Jung und Alt. Lediglich die Gaumenfreude blieb etwas auf der Strecke, da nur wenige Exemplare gefunden werden konnten.

Nepper – Schlepper – Bauernfänger: *(18. April 2012)*
Derzeit werden Internetnutzer wieder mit einer fiesen Betrugsmasche traktiert. Per E-Mail kommen Rechnungen, ja, teilweise sogar Mahnungen für angeblich heruntergeladene, kostenpflichtige Downloads. Achtung! Hierbei handelt es sich um Schreiben von Betrügern, die nur Ihr Bestes wollen – Ihr Bargeld. Die Kriminalpolizei rät: Um echte Mahnungen von unechten unterscheiden zu können, genügt es oftmals, der

Deutschen Rechtschreibung mächtig zu sein. Betrügerische E-Mails enthalten in der Regel sehr fiele Rechtschreipfeler.

Gesundheit: Nachdem die Anzahl der Herzinfarkt-Opfer in den potenziell gefährlichsten, öffentlich zugängigen Räumen durch die Installation von Defibrillatoren stark gesunken ist, sollen laut Gesundheitsminister weitere Maßnahmen folgen. Nach den Kreditinstituten, die durch ihre unmittelbare Nähe zu den Kontoauszugsdruckern besonders betroffen waren, sollen im nächsten Investitionsschritt die Tankstellen damit ausgestattet werden.

Der Gesundheitstipp: (25. April 2012)
Das sehr wechselhafte Wetter der letzten Wochen führte zu vermehrten Infekten der grippalen Art. Husten, Schnupfen und Heiserkeit haben inzwischen beinahe jeden getroffen. Trotzdem sind die Wartezimmer der Ärzte nicht übergelaufen. Das könnte zum einen an der Praxisgebühr und/oder der Rezept-Gebühr für Medikamente liegen, oder einfach daran, dass ein Antibiotikum inzwischen äußerst kostengünstig, in Form eines halben Hähnchens oder eines Suppenhuhns, in jedem Supermarkt erhältlich ist.

Lebenshilfe: Die Unsitte, dass so viele Vorhängeschlösser als Liebesbeweis an die Brückengeländer in den Metropolen festgetackert werden, hat zur Folge, dass sie zur absoluten Mangelware geworden sind. Reisende, die ihre Koffer mit einem Versandservice an den Zielort bringen lassen möchten, wissen sich jedoch zu helfen. So wurden jüngst in Bad Reichenhall die ersten Exemplare gesichtet, deren Reißverschlusszipper mit bunten Geschenkbändchen gesichert wurden.

Sicherheit:

*Die Schnelllebigkeit und zunehmende Zeitnot unserer Gesellschaft nimmt inzwischen in allen Bereichen, in denen sich Menschen fortbewegen, lebensgefährliche Ausmaße an. Nun hat ein junger Student die Idee, einen „Coffee-to-wait" unter die Leute zu bringen. Zunächst möchte er die Bahnübergänge mit seinen Shops bestücken. Die Deutsche Bahn ist von der Idee, die Sicherheit an Schranken in die Hände unabhängiger Unternehmer zu legen, geradezu überwältigt und beschwor den gewieften Erfinder, er möge sich mit der Umsetzung doch **bitte** beeilen!*

Finanzmanagement:

Nach anfänglichen Schwierigkeiten haben nun auch die Wissenschaftler der Uni Wien endlich herausgefunden, wie man aus roten Zahlen ganz schnell schwarze macht. Sie kopieren die Zahlen mit der rechten Maustaste, gehen auf "*Schriftfarbe*" und klicken "*automatisch*" an.

Erfindungsgeist: (2. Mai 2012)

Die nahezu übergangslosen Wetterumschwünge machen nicht nur dem Kreislauf Probleme. Damenfüßchen etwa, die am Vortag noch in (zu) engen Stiefeletten steckten, wollen sich anderntags schon wieder in Sandalen vorzeigen lassen können. Dass das nicht so ohne Weiteres machbar ist, hat sich die Kosmetikindustrie nun vergolden lassen. Der *Renner* in dieser Saison scheint der *Kajalstift für Hühneraugen* zu werden.

Urlaubsplanung:

Immer neue Gesetze, die nur einige wenige zu verantworten haben, bestimmen unser aller Leben und entwöhnen uns zunehmend dem Gefühl der Eigenverantwortung. So ist es nicht verwunderlich, dass sich Abenteuerurlaube an einer steigenden Nachfrage erfreuen. Eine empfehlenswerte Variante wäre die Anschaffung eines Navigationssystems für das KFZ. Hiermit braucht man nur noch einen Zielort einzugeben und schon beginnen Geisterfahrten, Wasserungen, Abhangrutschpartien, Verfolgungsjagden durch verärgerte Anwohner, Rückwärtsfahrten aus engen Sackgassen und vieles mehr. Wie ein Mitarbeiter der *Easy-Livin-Tours* mitteilen ließ, gäbe es dieses *Allinclusive-Paket* derzeit sogar im Angebot. Nur der Sprit kostet extra – ja nach Fahrweise und KFZ-Model mal mehr, mal weniger.

Energiewende I: (09. Mai 2012)

Die Zeiten, in denen wir nicht wissen, wie wir die Atomkraft durch erneuerbare Energien ersetzen können, sind nun endgültig vorbei. Wissenschaftler der Uni Würzburg sind auf den Trichter gekommen, dass vor allem bei Wahlkämpfen ganz viel Energie zu holen ist. So sollen bei einer einzigen Landtagswahl, alleine durch die Nutzung des Windes, der hierum gemacht wird, bis zu 200 AKWs ersetzt werden können und weitere 500 könnten wegfallen, wenn die hierbei entstehende heiße Luft genutzt würde.

Energiewende II:

Wie sich jetzt herausgestellt hat, haben die jungen Leute von heute zu Unrecht einen schlechten Ruf weg. Gerade in jüngster Zeit konnte eine Art Umdenken registriert werden, zumindest was die Verwendung ihrer körpereigenen Energien betrifft. So haben viele offensichtlich dem sinnlosen Unterfangen, in der Freinacht Unfug anzustellen, abgeschworen und konzentrieren sich nunmehr darauf, lukrativere Tätigkeiten zu begehen. Eine Entführung eines Maibaumes, beispielsweise, bringt mindestens eine zünftige Brotzeit und Bier für alle Stammtischbrüder ein. Und wer so fleißig ist wie jüngst ein 15-köpfiger Stammtisch aus Österreich, der kann es in einer einzigen Nacht auf 12 Bäume bringen. Das grenzt ja direkt schon an Arbeit!

Sicherheit:

Die steigende Anzahl von Überfällen auf Geldtransporter hat den Sicherheitsbeauftragten der Gewerkschaft *Geld, Gold und Kohle* auf den Plan gerufen. Aus Vernunftgründen verlangt er jetzt ein Gesetz, das untersagt, dass die Geldtransporter, wie bisher üblich, von außen leicht erkennbar und unübersehbar als solche deklariert werden. Zitat: „Wenn ich als Privatmann auf die Bank gehe und mir Bargeld hole, dann hänge ich mir doch auch kein Schild um, auf dem das steht!"

Reisetrends: (16. Mai 2012)
Die Wetterkapriolen der letzten Zeit scheinen die Deutschen nicht allzu sehr zu belasten. Sie machen wie üblich das Beste daraus und nennen ihre eigenen vier Wände kurzerhand in „Hotel Vier Jahreszeiten" um. So können sie die verschiedensten Klimaveränderungen eines ganzen Jahres innerhalb einer Woche unterbringen und brauchen sich nicht einmal Gedanken zu machen, welche Kleidungsstücke sie einpacken müssen, ohne das zulässige Gesamtgewicht zu überschreiten.

Kundendienst:
Um die Kundschaft nicht mehr als nötig zu verärgern, gibt es ab sofort den Warteschleifen-Anrufservice mit Wunschkonzert. Der/die AnruferIn kann mithilfe der Tastatur wählen, welche Art von Musik er/sie hören möchte. Das Repertoire reicht von Klassik, über Rock und Pop bis hin zu Hardrock und

Heavy-Metal, kann aber auch auf Comedy erweitert werden.
Für besonders nervöse Zeitgenossen legt der eingebaute Be-
findlichkeitsrezeptor automatisch Mozart zur Beruhigung auf,
und die störenden „Bitte bleiben Sie am Apparat!"-Einsprüche
lassen sich mit der Doppel-Null abschalten. Was will man
mehr?

Die Nachspiele der Woche: (23. Mai 2012)

Genauere Zahlen über die Herzgeschädigten bei den letzten
Fußballspielen wurden zwar nicht vorgelegt, dennoch fordern
die gesetzlichen Krankenkassen, dass künftig zumindest die
Endspiele nur noch verdeckt und versteckt im Geheimen aus-
getragen, und die Ergebnisse unter Aufsicht des jeweiligen Arz-
tes oder Apothekers bekannt gegeben werden dürfen.

Ebenfalls zum Schutz der Menschen sollen offizielle Spatensti-
che wieder, wie ursprünglich vorgesehen, mit Spaten und
Schutzhelm ausgeführt werden und nicht mehr mit Baggern
oder ähnlichen Gerätschaften, mit denen nun mal nicht jeder
umgehen kann.

Fremde Federn:

Auch die Unsitte, sich einen Doktortitel unrechtmäßig anzu-
eignen, greift in letzter Zeit beängstigend häufig um sich.
Im Zuge der Politiker-Rettungsmaßnahmen wurde jetzt beschlossen, dass jeder, der meint, ohne Doktortitel nicht aus-
kommen zu können, aber nicht das Zeug dazu hat, sich einen
echten zuzulegen, sich künftig Dr. i. c. (ioci causa = spaßes-
halber) nennen darf. Derjenige wird zwar auch nicht unbedingt
die gewünschte Anerkennung erfahren, doch zumindest dient
es zur Erheiterung der Allgemeinheit.

Kopfsteinpflaster: (30. Mai 2012)

Schuhe sind auch nicht mehr das, was sie einmal waren. Zumindest was die Haltbarkeit betrifft. Und anstatt dass sie geschont werden, gehen die Städteplaner auch noch einen Schritt zu weit und statten die Fußgängerzonen mit Schuhe mordendem Kopfsteinpflaster aus. Der Verbraucherschutz hat deshalb beschlossen, neue Schuh-Modelle in der Step-Dance-Show „Lord of the Dance" von Michael Flatley einem Belastungstest zu unterziehen, und sofern sie auch nur ansatz- und absatzweise durchhalten, bekommen sie ihr Prädikat: besonders fußgängerzonentauglich!

Schotterpisten:

Nicht erst seit Hape Kerkelings Bestseller „*Ich bin dann mal weg*", erfreuen sich Pilgerreisen immer größerer Beliebtheit. Besonders die Führungskräfte der Banken konnten sich noch nie etwas Schöneres vorstellen, als auf *Schotterpisten* ihrer Wege zu gehen. Leider geraten immer mehr von ihnen vom rechten Weg ab und landen auf dem Holzweg.

Energiewende: (06. Juni 2012)

Entgegen anderslautenden Meldungen, sollen die Strompreise jetzt doch nicht angehoben werden. Im Gegenteil: Nachdem herauskam, dass durch die Nichtentsorgung des mit der Energiewende NICHT mehr anfallenden Atommülls viel mehr Geld gespart werden kann als bisher zugegeben, fallen sie gar ins Bodenlose. Die dadurch in finanzielle Schieflage geratenen Atomstromlobbyisten werden nahtlos an die Entsorgungsfirmen vermittelt, die für die Räumung der Assen zuständig sind.

Handwerk:
Die Gewerkschaft der Industrie- und Handelskammer appelliert an die Bevölkerung, die Namen der Handwerker, mit denen man zufrieden ist, NICHT für sich zu behalten. Begründung: Die besten Handwerker können sich wirtschaftlich nicht halten, wenn man sie aus egoistischen Gründen nicht weiterempfiehlt. Die Gefahr, dass sie dann gar nicht mehr zur Verfügung stehen könnten, sei weitaus größer, als die, dass sie nur noch selten Zeit für einen hätten.

Sonntagsfahrer:
Laut Theorie eines Dozenten der Uni Würzburg soll es den sogenannten Sonntagsfahrer, zumindest in seiner Ursprungsform, gar nicht mehr geben. Wie er bei einer Vorlesung betonte, sei es der Parkplatzknappheit und den Fahrverboten in den Städten zuzuschreiben, dass es zwar immer mehr Autofahrer gäbe, die sich mit Kriech-Geschwindigkeit fortbewegen, diese jedoch nicht die schöne Gegend ansehen würden, sondern sich lediglich auf der Suche nach einem Parkplatz befänden.

Qualitätsoffensive: (13. Juni 2012)
Kurz vor dem Ende der heurigen Spargelsaison ist unsere Ernährungsministerin „not gemuesed". Ihr wurden zuletzt mehrfach mangelhaft zubereitete Gerichte mit der Königin des Gemüses vorgesetzt, denen durchweg alle Spitzen fehlten.
Auf die Frage nach dem Verbleib derselben bekam sie zur Antwort, dass es nicht üblich sei, Wurzeln zu servieren.
Jetzt plädiert sie umso mehr für eine bessere Qualifikation, vor allem aber auch eine bessere Bezahlung von Aushilfskräften in der Gastronomie.

Fuß-Ball jetzt für alle:
Überraschenderweise kommt die Fußball-EM nicht bei jedermann gleich gut an. Um den Missmut der europäischen Völker einigermaßen in Zaum zu halten, hat nun der Vergnügungsminister beschlossen, einen *Fuß-Ball* für die Fußball-Muffel zu veranstalten. Erlaubt sind hier: Walzer, Csárdás, Slowfox, Step- und Dutch Clog Dance.
Sollte dieser Versuch von Erfolg gekrönt sein, wird es bei der WM in zwei Jahren eine ähnliche Veranstaltung geben, bei der dann auch Square-Dance, Tango, Salsa, Boogie-Woogie und Foxtrott zugelassen werden.

Spielsachen I:
Bis zur nächsten Spielwarenmesse ist es zwar noch einige Zeit hin, doch sind bereits jetzt einige interessante Details durchgesickert. Wie uns ein Insider heimlich mitteilte, sollen besonders altbekannte Spiele eine moderne Überarbeitung erfahren haben. So wird beispielsweise Halma mit einer Fußgängerzone aufgepeppt, Mikado wird so lange als Kampfsportart deklariert, bis einer wackelt, Dame bekommt einen Herrn an die Seite und bei Monopoly muss derjenige, der zum 4. Mal über Los gehen darf, zunächst 5 Runden aussetzen, wegen Verdachts auf Burn-out, während einer, der sein zehntes Hotel gebaut hat, für 5 Runden in Untersuchungshaft direkt ins Gefängnis muss, wegen dringenden Verdachts auf Steuerhinterziehung.

Spielsachen II:
Die Verbraucherschützer geben Entwarnung bezüglich der Belastung mit Schwermetallen von Fußball-EM-Fan-Artikeln. Die Konzentration der darin befindlichen Giftstoffe sei so gering, dass ein Kontakt damit unbedenklich erscheint. Gefährlich werden könnte es allerdings, wenn

man die Teile nach einem verlorenen Spiel verzehren würde. Aus diesem Grund wird davor gewarnt, Wetten abzuschließen, die eine solche Tätigkeit zur Folge hätten.

Brüsseler Spitzen: (20. Juni 2012)

Die neueste EU-Idee, Kraftfahrzeuge, die älter sind als 7 Jahre, jährlich zum TÜV zu schicken, findet zwar keinen Anklang, aber das Echo ist gar nicht mal so ohne. So ist die Mehrheit der Bevölkerung dafür, die Mitglieder der EU-Kommission künftig wöchentlich zu einem GFT* zur Überprüfung zu schicken. Das macht die Straßen zwar auch nicht unbedingt sicherer, aber sie hätten zumindest zeitweise etwas zu tun und wären aufgeräumt.

(*GedächtnisFunktionstüchtigkeitsTest)

Abgezockt: (27. Juni 2012)

Wie das Verbraucherministerium verlautbarte, haben sich angeblich einige "Uhrologen" durch ihre Sammelleidenschaft über den Tisch ziehen lassen. Sie hätten eine Neuheit aus der Schweiz im Voraus teuer bezahlt und erst jetzt sei ihnen klar geworden, dass es die versprochene 5 Sekunden-mehr-Anzeige, jeweils zum 21. Juni, gar nicht gibt. Besonders hoffnungsvolle Schlaumeier hatten sich sogar mehrere Exemplare bestellt, in der Hoffnung, noch mehr Zeit gutgeschrieben zu bekommen. Weitere Geschädigte sollen sich bei der jeweils örtlichen Polizeidienststelle melden. Ein Kriseninterventionsteam sorgt dort für Beistand.

Abgekartet: *(zur Fußball-EM)*

*Die Regierung Griechenlands hat mal wieder drastische Maß-
nahmen ergriffen, ihre eigenen Sparpläne durchzusetzen. Eine
nach außen hin unmerkliche Strategie, den griechischen Bürgern finanzielle Erleichterung zu verschaffen, war, dass sie für
die nächste Zeit keine Ausgaben bezüglich Eintrittskarten für irgendwelche Finalspiele leisten müssen. Anders hingegen die
Motive der kulinarisch motivierten Fußball(wett)fans. Sie dürfen sich am Donnerstag über Pizza und/oder Pasta freuen und
müssen nicht Plumpudding oder Fisch & Chips essen. Bleibt nur
zu hoffen, dass sie am Freitag (so hoffen die Deutschen) Käse-
krautspätzle mit Kaiserfleisch aufgetischt bekommen.*

Grüne Wochen I: (04. Juli 2012)

Wie es scheint, haben viele Gemeinden einen Weg gefunden,
ganz ohne Mehrkosten befürchten zu müssen, einen saftigen
Tourismus in einen sanften umwandeln zu können.
Sie weisen ihre Gemeindehelfer an, die Brennnesseln an öffentlichen Wegen nicht mehr zu entfernen. Den Rest über-
nimmt dieses optimale *Wachswetter* und ein Vorankommen ist
nur noch im Gänsemarsch gewährleistet.

Grüne Wochen II:

Die Klimaveränderung macht auch in unmittelbarer Nähe keinen Halt. Viel Regen und relativ hohe Temperaturen sorgen für
neue touristische Erschließungen. An den umliegenden Süd-
hanglagen unserer Berge kann jetzt auch Wein angebaut werden und deshalb gibt es zu der äußerlichen Anwendung mit
Latschenkiefer-Branntwein, künftig auch die innere Anwendung. So wird es hier nicht nur immer grüner, sondern bei richtiger Dosierung auch noch lustiger.

Fußball-EM Nachlese:
Dass die deutsche Nationalelf im Halbfinale ausgeschieden ist, stellte sich erneut als absichtlicher Bestandteil der Pläne zum Schutz der Bevölkerung heraus. Denn wie vom Verbraucherschutzministerium zu hören war, hätte ein drohender Stromausfall am Endspieltag durch die Unwetter zu noch mehr Verdruss und Depressionen geführt.

Gesetzesänderungen:
Zum 1. Juli traten einige Änderungen in der Gesetzgebung in Kraft. Unter anderem soll das Telefonieren mit Handys im Ausland billiger werden. Allerdings weist die Polizeigewerkschaft nochmals ausdrücklich darauf hin, dass das nach wie vor, nicht für Telefonate *während* der Autofahrt gilt. Besonders im Ausland kommt gerade das sehr teuer zu stehen!

Straßenfeste I: (11. Juli 2012)
Bei einer großen Oldtimer-Veranstaltung im Berchtesgadener Land konnten die Zaungäste einfach nur staunen über die tollen alten Straßenflitzer. Besonders angetan waren sie von einem Mercedes SSK BJ 1928, der liebevoll "Weißer Elefant" betitelt wird. Doch anders, als dass sich ein Elefant die Zuschauer merken wollte, obwohl er das bekanntermaßen durchaus könnte, werden sich in diesem Fall wohl eher die ZuseherInnen an IHN erinnern.

Straßenfeste II:
Beim großen Stadtfest in Bad Reichenhall wurden unter vielen anderen Attraktionen die riesigen Seifenblasen in einem Wasserbecken zur Attraktion der kleinen Ladys. Sie waren wirklich beneidenswert, denn sie hatten in diesen Kugeln wesentlich mehr Platz, als alle anderen Besucher dieser großartigen Veranstaltung. Einziger Nachteil: Sie hatten so viel Spaß daran in den Kugeln rumzukugeln, dass sie gar nicht mehr raus wollten.

Knoff-Hoff(er) I:
Das wechselhafte Wetter, nicht nur das in der jüngsten Zeit, sondern bereits der letzten Jahre, hat den Erfindungsgeist einiger Düsentriebe geweckt. So wird spätestens im kommenden Jahr nicht nur der Regen, sondern auch eine Neuheit den Markt überschwemmen: Wasser- und hageldichte Sonnenschirme mit eingebautem Blitzableiter und Starkregenabfluss.

Knoff-Hoff(er) II: (Tatsache!)
Wie erst kürzlich an die Öffentlichkeit gedrungen ist, soll es doch noch fähige Banker geben. In einem besonderen Fall hat ein fertig gelernter Bankkaufmann seine wahre Bestimmung jedoch bei der nachfolgenden Lehre als Klempner erfahren. Er wurde von einem Freund gerufen, dessen Familie seit Erbauung ihres Einfamilienhauses vor über 30 Jahren (!) über kein heißes Wasser am Waschbecken im Badezimmer verfügte. Lediglich ein kleines Rinnsal kam aus dem Hahn. Drei Installateur-Meister versuchten sich bereits vergeblich.- Bis eben jener junge Mann einfach das Absperrventil aufdrehte.

Wortumkehr: (18. Juli 2012)
Der Versuch, uns mit Umbenennungen von Behörden und Ämtern in die Irre zu führen, mag ja durchaus schon einige Male ganz gut funktioniert haben. Dass sie uns jetzt aber Kampfpanzer zur Verteidigung verkaufen wollen und sich die Rüstungsindustrie auf diese Weise in Verteidigungsstrategie umtaufen lässt, nur um ihr schlechtes Gewissen zu beruhigen, das schlägt dann doch ein wie eine Bombe.

Glücksspiel:
Lotto zu spielen ist ab sofort wieder via Internet möglich. Dass man hierbei doppeltes Glück braucht, um zu gewinnen, wurde so manchem erst wieder in der vergangenen Woche klar, als

herauskam, dass die Bezahlung mit der Kreditkarte und Co. mit erheblichen Risiken verbunden ist.

Präventionsmaßnahmen I:

Da in diesem unseren Lande der Aberglaube, dass ein Freitag der 13. ein Unglückstag wäre, noch immer stark verbreitet ist, hat unser Bundesamt für Statistik die neuesten Zahlen zu diesem Thema per Rundfunkanstalten ebenfalls stark verbreiten lassen. Es war zu vernehmen, dass gerade an einem solchen Tag die wenigsten Unfälle und Unglücke passieren würden. Unverbesserliche Skeptiker wissen jedoch auch weshalb. Ihrer Meinung nach liegt es daran, dass die Menschen an einem solchen Tag vorsichtshalber lieber zu Hause bleiben und sich überhaupt mit Aktivitäten aller Art sehr zurückhalten.

Präventionsmaßnahmen II:

Nachdem einer Kundschaft der ursprünglich gewünschte Kalbsleberkäse mit der Begründung verweigert wurde, dass es sich bei dem Objekt aus der Theke lediglich um einen *stinknormalen* Leberkäse handelte, der nur schon etwas länger liege und von daher die helle Farbe aufwies, wurde der äußerst fragwürdige Wettbewerb, bei dem *Deutschlands wärmste Metzgerei* gesucht wird, wieder abgeschafft.

Sommerlochfantasien I: (25.Juli 2012)

Kurz bevor am vergangenen Wochenende die Streufahrzeuge losgeschickt werden mussten, weil bei nur noch 5 Grad weniger die Gefahr von Glatteis bestand, hat unser Vergnügungsminister ein neues Gesetz erlassen, um dem Sommer in Deutschland doch noch eine Chance zu geben. In diesem heißt es, dass alle *Sunblocker* vom Markt verschwinden müssen.

Sommerlochfantasien II:

Auch der Verkehrsminister war nicht untätig. Er hat uns wissen lassen, dass wir uns um den vermeintlich erhöhten Verbrauch unserer Autos keine Sorgen machen müssen. Sie bräuchten gar nicht mehr Benzin, nur die an den Tankstellen abgegebenen Liter wären kleiner geworden. Was natürlich wieder einen Mehrwert in die Steuerkassen spült.

Sommerlochfantasien III:

Alle Jahre wieder vor den Ferien, warnt die Kriminalpolizei davor, seine Reiseabsichten an die große Glocke zu hängen, denn so hätten die Einbrecherbanden nahezu freie Bahn. Nun wird eine Gegenoffensive gestartet, die sich gewaschen hat! Zur totalen Verwirrung der Banden, nutzen Helfershelfer der Polizei die Internetplattformen und *posten* und twittern zwar Entsprechendes, bleiben jedoch, sehr zur Überraschung der Verbrecher, zu Hause. Ihnen steht dann im Überraschungsmoment die Polizei gerne mit Rat und Tat zur Seite.

Sommerlochfantasien IV:

Und schließlich kam auch noch der Landwirtschaftsminister zum Zuge. Dieser hat beschlossen, dass die Bauern künftig die Verabreichung von Antibiotika an ihr Vieh durch Grünfutter ersetzen müssen. Davon gäbe es dank Regen nun wirklich genug. Gerade in unserer Region.

Bürgerschutz: (01. August 2012)

Nachdem das Rauchen in öffentlichen Räumen aus gesundheitlichen Gründen verboten wurde, soll nun auch das allseits beliebte Candle Light-Dinner einer präventiven Ordnung unterzogen werden. Der Verzehr von Fisch soll bei Angeboten dieser Art ab sofort untersagt werden, da sich bei schummrigem Licht oftmals die Gräten leider erst zu spät erkennen lassen.

Rebellen:
Die Schutzengel haben in letzter Zeit so viel zu tun bekommen, dass ihnen ihre Flügel nicht mehr ausreichend erscheinen. Sie stellten an höchster Stelle einen Antrag auf Dienstfahrzeuge der Extraklasse. Allerdings hat ihnen ihr Boss die Zuwendung von Mercedes-Flügeltürern verweigert. Er meinte, es wäre zu schade um sie, wenn diese bei dem derzeitig vorherrschenden starken Verkehr, Kratzer oder andere Blessuren abbekämen. Dafür dürften sie sich jetzt mit Diesel-Fahrzeugen älteren Baujahres vor die Blech-Kolonnen setzen. Er meinte, der Entschleunigung wäre hiermit Genüge getan.

Globalisierung I:
Entgegen Befürchtungen einiger Umweltaktivisten ist der Regenwald in Brasilien gar nicht verschwunden. Er taucht peu à peu andernorts, nämlich in unserer Region wieder auf. Grün, soweit das Auge reicht. Und die vielen Niederschläge, im Wechsel mit Sonnenschein und heißen Temperaturen, sorgen dafür, dass er ideale Bedingungen vorfindet, um weiter anzuwachsen und Boden zu gewinnen.

Globalisierung II:
Zollfahnder werden sich künftig eine neue Arbeit suchen müssen. Krokotaschen, Schlangenledergürtel und ähnliches dieser Art, brauchen nicht mehr illegal nach Europa eingeschmuggelt zu werden. Künftig können wir solche Dinge selber herstellen, denn geeignete Exoten wie Krokodile, Echsen und Schlangen in üppigen Größen, wurden bereits an heimischen Seen und Flüssen entdeckt.

Notwehr: (08. August 2012)
Wie ein Sprecher der Einwanderungsbehörde kürzlich erst betonte, dürfen wir den Invasionen illegal eingewanderter Hausbesetzer ab sofort ungeniert mit allen im Haushalt verfügbaren Waffen entgegentreten. Zitat: „Wollmäusen, Steinläusen, Pleitegeiern und ähnlichem Ungeziefer muss der Garaus gemacht werden."

Wertebesinnung:
Um uns vom Euro nicht allzu abhängig zu machen, hat sich die Regierung einige Gegenmaßnahmen einfallen lassen. Ganze Abordnungen mit unterschiedlichen „Kampfausbildungen" wurden nach London geschickt, um möglichst viel Gelbgold aber auch Silbertaler und andere wertvolle Materialien zu ergattern. Des Weiteren laufen derzeit im Chiemsee Bestrebungen, ehemals versunkene Schätze zu heben. Im Hinblick auf die sehr hohen Spritpreise, war der Fund von einigen prall gefüllten Benzinkanistern besonders beachtlich. Und direkt weitsichtig ist das Vorhaben, unsere noch vorhandenen Freiflächen nicht mit Beton, sondern mit Kartoffeln und Getreide anzubauen.

Reisetipps:
Damit Ihre Urlaubsreise auch wirklich der Erholung dient, empfiehlt es sich besonders, das Zeitvertreib-Spiel „Ich packe meinen Koffer ..." schon vor Antritt der Reise zu spielen. Vorzugsweise zusammen mit der erweiterten Version von „Elektrische Geräte, die ich unbedingt noch ausschalten sollte", kann so nicht nur die Urlaubskasse geschont, sondern auch auf Einsätze von Polizei und Feuerwehr in Abwesenheit verzichtet werden.

Eilmeldung! (16. August 2012)
Verkehrsminister Ramsauer hat in einem eigenmächtigen Konsens mit seiner Heimat beschlossen, diese etwas ruhiger gestalten zu lassen. Sollten also künftig Kühe Ihren Weg kreuzen - BITTE RUNTER VOM GAS!

Höhere Mathematik.

Die Euro-Krise scheint nicht nur ein Fass ohne Boden zu sein, sondern auch eines, in das man bald nicht mehr weiß, was man noch hineinstecken könnte, weil einfach nichts mehr da ist. Was uns Anlass zu glauben gibt, dass es sich gar nicht um ein Fass sondern eher um ein Schwarzes Loch handelt. Genau aus diesem Grund soll jetzt Hilfe aus der Weltraumforschung kommen. Die USA leihen uns ihre Mathematiker, die die Flüge zum Mars so exakt berechnen konnten. Vielleicht können ja ausgerechnet die uns erklären, was bei uns hier so verkehrt läuft. Bleibt nur zu hoffen, dass sie nicht auch für die Messergebnisse bei den Olympischen Spielen zuständig waren.

Perseiden-Nächte:
Meteorologisch liegt der Sommer zwar in den letzten Zügen, doch die Vorhersagen versprechen, ähnlich wie im letzten Jahr, ein fantastisches Herbstwetter. Die Regenschauer wurden zwischenzeitlich schon mal durch Sternschnuppenschauer abgelöst und so manche Stadt hat ihren Bürgern ein besonderes Geschenk gemacht. In Bad Reichenhall zum Beispiel wurde nachts sogar die gesamte Straßenbeleuchtung abgeschaltet, damit man dieses Schauspiel noch besser beobachten konnte. Allerdings ist mindestens ein Passant an einer dieser Dunkelheit spendenden Laterne hängen geblieben, gerade WEIL er nach oben schaute und so sah er anstatt Stern-Schnuppen die Originalteile, nämlich ganz viele Sterne.
Wünschen durfte er sich trotzdem etwas:
Die Speisenfolge am Krankenbett.
Er hatte eine private Krankenversicherung.

Lokalitäten: (22. August 2012)
Nachdem bekannt wurde, dass die Reichenhaller Umgehungsstraße mitten in der Ferienzeit wegen Asphaltierungsarbeiten für eine ganze Woche gesperrt werden soll, ging zunächst ein Aufschrei der Entrüstung durch die gesamte Region. Doch wie es vom Straßenamt heißt, soll der befürchtete Verkehrskollaps ausbleiben, da man selbstverständlich Vorsorge getroffen habe, indem man gleichzeitig auch die bucklige und angeschlagene Saalachbrücke ebenfalls sperrt und saniert. Auf diese Weise, so der Sprecher des Amtes, hätten auch die Wohnmobilstellplatzbesucher eine Chance, zu Fuß heil über die Straße zu kommen.

Ölkrise:

Dass der Heizölpreis einen neuen Höchststand erreicht hat, ist, im Gegensatz zu den jetzt plötzlich doch wieder höheren Schulden der Griechen (?!) keine Überraschung. Eine von der Regierung angedachte Abwrackprämie für alte Öl- und Gasheizungen würde ebenfalls zunächst eine finanzielle Mehrbelastung für die privaten Haushalte bedeuten. Also wird fieberhaft nach einer anderen Lösung gesucht. Ein Vorschlag dahin gehend wäre vielleicht, die Heizungen mit Kerosin zu betreiben, welches offensichtlich recht überflüssig sein muss, da es oftmals einfach so aus heiterem Himmel abgelassen wird.

Staatsbesuche:

Die Freude über den Besuch von Staatsminister Marcel Huber und seinem Mitbringsel für die Gesundheitsregion in Bad Reichenhall war so groß, dass sie ihm ein Geschenk in Form eines eigenen Liegestuhls im Kurpark eingebracht hat.

Die Vermutung liegt nun nahe, dass, sollte er es jemals zum Bundeskanzler schaffen und zur Kur nach Bad Reichenhall zurückkehren, ihm zu Ehren ein neuer Brunnen aufgestellt werden könnte. Auf einen mehr oder weniger …

Selbsthilfe I: (29. August 2012)

Um zu verhindern, dass unschöne Flecken auf der Kleidung zurückbleiben und somit die Stimmung ebenfalls kippt, nur weil das bereits ein Glas Rotwein getan hat, haben deutsche Wirte beschlossen, nurmehr trockene Rotweine auf die Getränkekarte zu setzen.

Selbsthilfe II:
Der nächtliche Vandalismus scheint besonders im Sommer stark um sich zu greifen. Sehr tückisch sind hierbei die Glasscherben, die in und um unsere Seen aus reiner „Unwissenheit" (mal nett ausgedrückt) zurückgelassen werden. Strandwächter sind zwar stets darum bemüht, den Sand und Kies davon zu befreien, doch können auch sie nicht alles sehen. Nun soll ein neuartiges Glas-Eisengemisch bei der Herstellung der Flaschen für Abhilfe sorgen, damit auch die kleinsten Splitter mittels Magnetstreifen, herausgefischt werden können und somit keine Schäden mehr zu befürchten sind.

Selbsthilfe III: Weil die Firma Apple voraussichtlich erfolgreich wegen Ideenraub gegen Samsung geklagt hat, hoffen jetzt viele andere Firmen auf Wiedergutmachung und Schadensbegrenzung. Allen voran der Autohersteller Mercedes Benz. Damit die zu erwartende Klagewelle noch vor Heranrollen abgewiegelt werden kann, hat die Bundesregierung folgende Empfehlung erlassen. Deutsche Firmen sollten vorerst Vorsicht walten lassen und ihre Neuigkeiten auf Messen für sich behalten. Dies soll nicht nur die Firmen vor Ideenraub schützen, sondern auch dem Finanzamt weiterhin Gewerbesteuern sichern.

Wettervorhersage:
Eine riesige Wolke kommt derzeit auf Bad Reichenhall zu. Laut Radioansage wird sie mit allergrößter Wahrscheinlichkeit am kommenden Freitag das Zentrum bedecken und nach ca. 2 Stunden wieder abziehen. Gefahr für Land und Leute bestehe zwar keine, doch lassen sich Nebenwirkungen wie verzücktes Lächeln, verbesserte Laune mit äußerst ansteckendem Lachen und rhythmischen Zuckungen in den Beinen kaum vermeiden. (Zeit für die *Klangwolke*)

Weitsicht: *(05. Sept. 2012)*

Der ADAC plädiert neuerdings dafür, dass an unseren künftigen Automobilen wieder mehr Chrom verbaut wird.

Zum einen würde das Straßenbild wieder viel hübscher aussehen und zum anderen würden die vielen in letzter Zeit verlorengegangenen Teile nicht allzu lange auf der Fahrbahn herumliegen und den Verkehr behindern, da sie wegen ihres hohen Wertes sogleich einen neuen Liebhaber fänden, der sie aufsammelt. Einziger Wermutstropfen – Die Fundsachen gehen vermutlich nicht mehr an ihre ursprünglichen Besitzer zurück, was jedoch wiederum Anlass dazu gibt, auf seine Sachen besser Acht zu geben.

Freizeitangebots-Stress:

Das vergangene Wochenende hat so manchen Unternehmungsgeist im Berchtesgadener Land herausgefordert. Obwohl es einen Herbsteinbruch sondergleichen gab, waren so viele außergewöhnliche Events angesagt, dass so manchem schwindlig werden konnte. Doch hatte das vermeintlich schlechte Wetter auch sein Gutes: Kluge Köpfe eröffneten die 24-Std. Wander-Tour in Berchtesgaden, gingen danach in den mystischen Zauberwald und „Abrakadabra" fanden sie sich plötzlich unter der Klangwolke in Bad Reichenhall wieder, wo sie regenfeste Kleidung und Regenschirme erstehen konnten, weil die Geschäfte so lange geöffnet hatten, was ihnen bei den weiteren Vorhaben eine große Hilfe war. So geht das!

Klagemauer:

Die Verbraucher werden immer dreister, was die Inanspruchnahme von Leistungen betrifft. So könnte man Arbeiter im

Dienstleistungssektor durchaus verstehen, wenn sie Sätze sagen, wie: "Die Leute verlangen von einem manchmal Dienste, da dürften sie eigentlich gar nicht fragen: <Ach bitte wären sie vielleicht so nett und würden...?> - sie müssten vielmehr fragen: >Ach bitte wären Sie vielleicht so blöd und machen ...?>"

Überlebenshilfe:
Die drohende Altersarmut bei Bürgern, die derzeit lediglich (!) 2.500,-- Euro brutto verdienen, ließe sich ganz einfach verhindern, indem sie eine zusätzliche Rentenversicherung und einen Abschluss über eine Lebensversicherung in Höhe von 2 Mio. Euro abschließen, den gelegentlichen Erwerb von Immobilien und monatliche Einkäufe von Goldbarren nicht vergessen, sowie den Rest an Bargeld, in der Schweiz, oder einem anderen euroneutralen Land bunkern.
(Anmerkung der Red.: Kein Kommentar!)

Einigkeit I: (12. September 2012)
Unter den meisten Verkehrsteilnehmern herrscht derzeit eine fast schon harmonische Einigkeit, die ihresgleichen sucht. Ob Kfz-, Radl- Lkw-Fahrer oder Fußgänger – sie alle sind einheitlich der gleichen Meinung, was die derzeitige Verkehrslage betrifft, dass der andere Schuld hat. Toll!

Einigkeit II:
Nicht nur die Länder, nein, sogar die Kontinente sind sich inzwischen einig, dass ein unglaubliches, weltweites Wachstum nicht zu übersehen ist und das in vielen Bereichen. So zum Beispiel bei der Weltbevölkerung, dem damit verbundenen Hunger in der Welt, dem enormen Wachstum der Schuldenberge und der Platznot in so manchen Gebieten. Traurig ist nur, dass

diejenigen, die diese Missstände ändern könnten, ebenfalls mit einem Wachstum gesegnet sind: dem immer größer werdenden *Aufmerksamkeitsdefizit.*

Einigkeit III:
Um die Bürger der EU nicht mit einer Inflation über Gebühr zu belasten, wurde in einem Volksentscheid einstimmig beschlossen, dass es ab sofort zwei Währungen geben soll: Den bisherigen Euro für die Bürger und den Banken-Euro für die Banken, die sich dann beleihen können, wann immer sie wollen.
(Anm. im Nachhinein: Kurz vor Veröffentlichung dieses Buches wurde der Leitzins auf das historische Tief von sage und schreibe 0,025 % gesenkt und man kann gar nicht so schnell schreiben – schon steht ein Strafzins für Guthaben zur Debatte!)

Ungewöhnlich:
Früher wurde geheiratet und somit für Nachwuchs gesorgt. Heute soll mit Schnupperkursen für junge Frauen in den Metall-verarbeitenden Berufen gegen Nachwuchsprobleme angegangen werden. Ach ja …

Naturschutz Spezial:
Die Arbeiten an der Umgehungsstraße in Bad Reichenhall, welche den Durchgangsverkehr und die Abstellmöglichkeit für Wohnmobile nicht zuließen, in Verbindung mit dem (teilweise) nicht so schönen Wetter, das dafür verantwortlich war, dass auch die Spielplätze kaum frequentiert werden mussten, haben dafür gesorgt, dass sich längst verloren geglaubte Tiere, wie Rehe, Wildschweine und Waschbären wieder ansiedelten.

Selbsthilfe I: (19. September 2012)

Die drohenden Ärztestreiks, die nach wie vor, einem Damoklesschwert gleich, über den Köpfen der Versicherten schweben, haben inzwischen bei sehr vielen Patienten die Selbstheilungskräfte wiedererweckt, sodass diese ganz ohne ärztlichen Beistand und kostenintensive Medikation gesund wurden. Dieser Umstand wiederum sorgte für weitere Milliardengewinne bei den Krankenkassen, die nun als Honorarerhöhung für die Ärzte verwenden werden könnten. Voraussetzung und gleichzeitig Haken: die Selbsterkenntnis und Einsicht der hierfür Verantwortlichen.

Selbsthilfe II:

Durch die geplanten Portoerhöhungen der Deutschen Post sahen sich vor allem Rentner und Niedriglohnempfänger gezwungen, sämtliche für 2013 geplanten Briefe noch in diesem Jahr zu verschicken. Hierzu ist lediglich etwas Geduld vonseiten der Adressaten gefordert, da diese die handschriftlich aufgetragenen Lesezeiten beachten und die zugestellten Briefe aufheben müssen, bis sie zur Öffnung freigegeben sind. Insbesondere Glückwunschschreiben seien davon betroffen.

Selbsthilfe III:

Wie sich überraschenderweise herausstellte, steckte hinter dem jüngst veröffentlichten „Druck-Werk" (auch Buch genannt) unserer Ex-First-Lady ein Auftrag von Queen Elizabeth II. Sie wollte damit erreichen, dass die Öffentlichkeit von den Nacktfotos ihres Enkels abgelenkt wird. Leider ging ihre Rechnung zunächst nicht ganz auf, denn die Gesellschaft ist inzwischen so schnelllebig, dass die sich „middlerweile" auf die jetzt neu aufgetauchten Fotos ihrer Schwieger-Enkelin stürzt. Das ist jetzt aber auch nicht weiter tragisch – schon morgen wird es einen vermeintlich neuen Skandal geben.

Schöner Leben: (26. September 2012)
Wegen der großen Proteste gegen eine Fußball-Schiri-Regelung, die be-
sagt, dass ein Fußballer mit irgendwelchen farbigen Karten bestraft wer-
den muss, nur weil er mal eben - nur ganz kurz - seinen durchtrainierten
Körper zeigt, hat die FilFA beschlossen, diesen Unfug aus dem Bußkatalog
herauszunehmen. Stattdessen sehen sich nun diverse Ortschaften inspi-
riert, diese Regelung (vorzugsweise in den Sommermonaten) mithilfe der
Verkehrsüberwachung in öffentlichen Parks anzuwenden. Nämlich genau
dann, wenn entblößte Brauerei-Aktienträger ihren "Reichtum" für alle gut
sichtbar heraushängen lassen, und es somit zu einer Erblindung der un-
freiwilligen Zuschauer kommen könnte.

Schwarzbuch: Um die Verschwendung von Steuergeldern künftig einigermaßen im Zaum zu halten, soll bei allen neu geplanten Investitionen zunächst der Bund der Steuerzahlen zurate gezogen werden. Dieser rechnet VORHER aus, ob dieses oder jenes Projekt überhaupt nötig ist, wie viel es tatsächlich kosten wird und ob es sich insgesamt, für das deutsche Volk rechnen wird.

Legale Vorteilsnahme:
Verteuerte Preise zwingen manche Menschen dazu, sich den Gegebenheiten anzupassen. So sorgen inzwischen einige dafür, dass die von anderen achtlos in die Landschaft gesteckten Pfandflaschen eingesammelt und wiederverwertet werden. Auch der kostenlose Gebrauch des derzeit herrschenden Föhns kann bei richtiger Anwendung durchaus eine Senkung der Stromkosten zur Folge haben oder sogar einen kostspieligen Friseurbesuch ersparen.

Schönredereien: (04. Oktober 2012)

Wie einfach es ist Gerüchten und üblen Nachreden den Garaus zu machen, lehrt uns derzeit nicht nur die Versicherungswelt, die ihre *Beitragserhöhungen* einfach in *Beitragsanpassungen* umwandelt. Vergleichbar hierzu ist auch die These der Deutschen Bahn, die ungeachtet der erhöhten Anschaffungspreise auf die Bahncard 25 und 50 weiterhin nur die jeweiligen Prozente verrechnet. Diesem Gebaren setzt die Deutsche Post noch eins drauf, indem sie behauptet, dass ihre Marken stets genau den Wert haben werden, der darauf steht. Im naheliegenden Ausland findet man nun Ähnliches. Für Salzburg beispielsweise ist das Wort *Altstadtsperre* absolut tabu. Dort nennt man das ab sofort *Altstadtregelung.*

Psychologische Kampftage: Die Herbstzeit muss nicht unbedingt mit Depressionen aufgrund der dunkleren Jahreszeit und der damit verbundenen grauen Tristesse einhergehen. Namhafte Wissenschaftler haben herausgefunden, dass besonders die Tage, an denen die Kastanien auf der Straße zum Kicken einladen, hervorragend dazu geeignet sind, seinen evtl. angestauten Frust loszuwerden. Insbesondere dann, wenn man den Kastanien ein imaginäres Feindprofil verpasst.

Geldwäsche: (10. Oktober 2012)

Für die Steuerhinterzieher wird es immer schwieriger, ihr Schwarzgeld sicher unterzubringen und bei Notwendigkeit *waschen* zu können, denn immer mehr Länder unterziehen sich dem Steuerschutzprogramm der Bundesregierung. Nun versuchen sie es außerirdisch – auf dem Mars. Sie haben gehört, dass es dort Wasser geben soll. Was also liegt näher?

Schuhmode: Schneller, weiter und vor allem höher. Die Schuhmode hat sich in jüngster Vergangenheit, anstatt unseren Füßen, der Neuzeit angepasst. Vor allem für die Damenwelt gibt es Schuhe, die sind so hoch, dass „frau" damit eigentlich nur sitzen oder liegen kann. Ursprünglich wurden sie geschaffen, damit unsere Beine optisch gestreckt und somit schöner würden, doch ein Gehversuch hiermit hätte unweigerlich das Gegenteil zur Folge. Wir würden uns sämtliche Gräten brechen.

Demografische Kurve:
Um dem Geburtenschwund in Deutschland und somit der Überalterung der Gesellschaft entgegenzuwirken, haben sich jetzt die Organisatoren von Miss-Wahlen, derer es immer mehr zu geben scheint, dazu bereit erklärt, die Reglements dahin gehend zu ändern, dass die Anwärterinnen zwar weiterhin jung und hübsch sein sollen, es jedoch nicht mehr nötig ist, kinderlos zu sein.

Running: (17. Oktober 2012)
Der inflationäre Preisanstieg von Rohstoffen und Lebensmitteln hat dafür gesorgt, dass ein neuer Run an der Börse zu verzeichnen ist. Aus überlebenstaktischen Gründen darf ab sofort auf Spekulanten spekuliert werden, die ihrerseits lediglich des schnöden Mammons wegen darauf spekulieren, dass sich oben genanntes so dermaßen verteuert.

Traveling with Deutsche Bundesbahn: In letzter Zeit kam es vermehrt dazu, dass die Toiletten in den Fernreisezügen schon vor Erreichen der halben Strecke, wegen Überfüllung der Auffangbehälter, geschlossen wurden. Die mit Recht erbosten Fahrgäste drohten bereits, sich ihre „Notecken" auszusuchen,

wenn nichts dagegen unternommen würde. Um dem entge-
genzuwirken, reagierte die Bahn sofort, indem sie die
Zugrestaurants bzw. die Bordbistros ebenfalls schlossen und
dem Ausschank von Kaffee und sonstigen Flüssigkeiten einen
Riegel vorschob.

Friendship-ing.
Dass die Verleihung des Friedensnobelpreises nicht unbedingt
mit einer Friedensförderung einhergeht, ist auch nicht mehr
neu. Die Entscheidung, dass er in diesem Jahr an die EU geht,
hat nicht nur zu Enttäuschungen und Irritationen geführt, sondern auch dazu, dass der Frieden jetzt innerhalb der EU auf
wackeligen Beinen steht.
Die Mitgliedstaaten streiten sich nun um das Preisgeld in Höhe
von 930 000 Euro. Kommentar eines Bankenmanagers: „Das ist
absolut lächerlich!"

Umstritten: (24. Oktober 2012)
Ein weiterer Schritt, die demografische Kurve zu entschärfen und somit auch der zum jetzigen Stand der Dinge zu erwartenden Altersarmut entgegenzutreten, ist, dass in höchsten Kreisen darüber nachgedacht wird, bestimmte Gesetze wieder zu lockern. So soll unter
anderem in Deutschland das Rauchen ab einem Alter von 67 Jahren
(im restlichen EU-Land ab 55 Jahren) wieder erlaubt, und die Gurt-
pflicht gänzlich aufgehoben werden.

Umständlich: Arnold Schwarzenegger lag mit seinem Termina-
tor völlig daneben. Die Maschinen rebellieren nicht, sie gieren.
Und zwar nach Zuneigung. Wie aus erster Hand zu erfahren
war, gibt es inzwischen Waschmaschinen, die erst dann mit ihrer Arbeit beginnen, wenn man sie zwei Mal *gedrückt* hat.

Umsichtig: Dank der Werbeflut in unseren Briefkästen, jetzt, so kurz vor Weihnachten (!), können wir beruhigt davon ausgehen, dass wir für jeden unserer Lieben das passende Geschenk finden werden. Im Gegenzug dürfen wir unseren eigenen Wunschzettel dahin gehend erweitern, indem wir plötzlich einige Dinge unbedingt und dringendst brauchen, von denen wir zuvor nicht einmal ahnten, dass es sie überhaupt gibt.

Umtriebig: Bezeichnend für die Bildung des deutschen Fernsehpublikums sind eindeutig die Rate-Shows im TV. Entweder sie erfordern das Wissen Abitur-behafteter Genies, oder die (Gewinn)Fragen werden so formuliert, dass sie vom breiten Publikum beantwortet werden können, sofern es im Besitz eines Telefonguthabens von 49 Cent ist. Wenn es nach der Bildungsministerin geht, dann ist damit bald Schluss. Sie plädiert für Lern-Shows, bei denen jeder gewinnen kann. Unter anderem sollen Fragen wie „Welche Bedeutung haben Verkehrsschilder?" beantwortet werden.

Überraschung I: (31. Oktober 2012)

Nach dem verfrühten Wintereinbruch, den es so nur alle 40 Jahre geben soll, plädieren die Parteien, denen unsere Arbeitskraft - äh - Gesundheit (!) so sehr am Herzen liegt, dafür, die Winterreifenpflicht auf Mitte Oktober vorzuverlegen. Die Grünen verlangen zum selben Termin eine Entblätterungspflicht für alle Laubbäume, um diese vor Schneebruch zu schützen, und die Liberalen sagen sogar zu alle dem Ja! – Aber, erst wieder in 40 Jahren …

Überraschung II: Im Zuge der Zusammenarbeit zwischen der Welthungerhilfe und unserem Gesundheitsminister wurde beschlossen, der Bevölkerung die Gürtel enger zuschnallen, indem „All-inclusive-Reisen" ab sofort der Vergangenheit angehören und „All-you-can eat–Tempel" geschlossen, und in „All-what-you need–Restaurants" umgestaltet werden.

Überraschung III: Am vergangenen Wochenende wurde die Sommerzeit wieder beendet und die Menschen mussten ihre Uhren abermals umstellen. Leider führte das nicht nur zu erheblichen Verstimmungen zwischen Haustieren und ihren Verpflegern, weil sie eine Stunde länger auf ihr Fresschen warten mussten, sondern zu weiteren Missverständnissen:
Viele, die ihre Uhren umgestellt hatten, können sie jetzt nicht mehr finden.

Keine Überraschung: Alle Jahre wieder, werden zu Allerheiligen die Gräber der Verstorbenen so schön und üppig geschmückt, wie es nur geht. Die heimlichen Gewinner dieses Wettbewerbs stehen jedoch längst fest:
Es sind die Floristen und Gärtnereien.

Wahre Liebe: (07. November 2012)
Wieder einmal zeigten die Frauen, wie viel ihnen ihre Männer wert sind. Zum *Weltmännertag* war der Andrang auf die Schönheitsinstitute und Beautyfarmen so groß, dass die Angestellten mit ihrer Arbeit kaum noch hinterher kamen. Zu viele Frauen wollten sich, selbstlos, wie sie nun mal sind, für ihre Männer verschönern lassen, während diese in aller Ruhe ihrer Lieblingsbeschäftigung nachgehen konnten:
Dem Wechsel der Autobereifung und der Übertragung der Bundesligaspiele auf Großleinwand.

Vorsicht Falle: Dass das Internet auch hilfreich sein kann, wurde in der vergangen Woche erneut unter Beweis gestellt. So manchem Nutzer kamen Tipps entgegen, die sich durchaus als nützlich erweisen könnten. Allerdings nur bei Beachtung und Einhaltung der Packungsbeilagen. Hier ein paar Beispiele:

Papiertaschentücher, die man mit dunkler Wäsche waschen möchte, richten kaum Schaden an, wenn man sie kurz vorher schwarz färbt. Schwarzkümmeloel kann so ziemlich gegen alles helfen, nur bei Steuererhöhungen - da ist es machtlos. Und Lesungen und Vorträge werden besser besucht, wenn man sie bei den Veranstaltungshinweisen als Facebook-Party* deklariert.

*Zu Risiken und Nebenwirkungen fragen Sie bitte die Redaktion oder die zuständige Polizeibehörde ...

Wetten dass ···

Unbestätigten Meldungen zufolge, soll bei der nächsten Sendung ein Wettkandidat auftreten, der behauptet, dass er unter 50 verschiedenen Zahnarzt-Bohrern herausfinden kann, mit welchem Typ er gerade behandelt wird. Angeblich möchte er sich mit dem Preisgeld neue Beißerchen finanzieren.

Schmerzhilfe: (14. November 2012)

Der enorme Verbrauch von schmerzstillenden Mitteln und Betäubungsspritzen soll nun eingedämmt werden. Vor allem in Zahnarztpraxen könnte häufiger auf derartiges verzichtet werden, wenn die Patienten während der Behandlung eine angenehme Ablenkung haben. Nun möchten die gesetzlichen Krankenkassen in Zusammenarbeit mit Künstlern aus aller Welt, die bisher weißen Decken in den Praxen mit ansprechenden Fresken und Szenen bemalen lassen, die den Patienten seine Schmerzen nahezu vergessen lassen.

Antriebsmittel: Wie aus einschlägigen Kreisen zu hören war, können wir schon bald auf Benzin und Diesel als Treibstoff für unsere Automobile verzichten. Künftig werden wir Brauselimonade tanken, haben damit auch die Lizenz zum Überholen erworben, und wenn wir Glück haben, wachsen uns auch noch Flügel, ohne dass wir dafür ableben müss(t)en.

11. November / Nachlese:
Während an Rhein und Main die Narren los waren, die Kinder mit ihren Laternen dem Heiligen St. Martin gedachten und die Gänse, die sich am meisten aufplusterten, Weihnachten nicht mehr erleben werden, wurde auf Facebook und Twitter und was es sonst noch so an Social Networks gibt, alles geteilt, was sich teilen lässt. Nur keine Mäntel für Frierende.

Werbung:
Hochkarätig besetzte Boxkämpfe, die im TV übertragen werden, sollen laut Management ab sofort IMMER über 12 Runden laufen. Ganz gleich, wie es den Protagonisten dabei geht. Hauptsache die Zuschauer vor Ort kommen auf ihre Kosten und alle bezahlten Werbeblöcke können bei der Übertragung via TV gesendet werden.

Sicherheitslücken: Um der Gefahr zu entgehen, womöglich seine PUK zu vergessen, diese jedoch aus Sicherheitsgründen nicht aufgeschrieben werden soll, könnte man seine sämtlichen PINs per Email an diverse Leute versenden und bei Bedarf bei diesen nachfragen. Nur sollte man tunlichst darauf achten, nicht zu verraten, zu welchen Anwendungen die einzelnen Zahlenkombinationen gehören. So viel Grips sollte ein mündiger Bürger dann doch noch haben.

Sparwochen: *(21. November 2012)*
Das inflationäre Angebot an elektrisch betriebenem Weih-nachtsbeleuchtungsmaterial wie Lichterketten, Lichter-Ster-nen, Lichter-Engeln und Lichtorgeln an allen Ecken und Enden dieser Welt, ja selbst in den kleinsten Haushalten, soll nun im Rahmen einer echten Energie-Sparmaßnahme „eingedimmt" werden. Nach dem Motto: „Mit Licht fängt man Motten", dür-fen nur noch Gewerbetreibende mit derartigen Lockmitteln werben.

Verrechnet:
Der gestrige, offiziell als *technische Störung* deklarierte Strom-ausfall in München, wurde als Versuchsaktion der Familienmi-nisterin entlarvt. Sie rechnete mit einer steil ansteigenden Ge-burtenkurve in neun Monaten, nachdem sie gehört hatte, dass derartige Störungen früher immer zu solchen Ergebnissen führten. Leider kalkulierte sie nicht mit ein, dass die hierfür ge-eigneten Prachtexemplare damit beschäftigt waren, den Fehler zu beheben und somit für derartige *Spielchen* keine Zeit hat-ten.

Niedertracht:
Wie eine Online-Umfrage zeitgleich mit dem Stromausfall in München ergab, fühlte sich kein einziger Betroffener dadurch gestört. Erst nachdem der Fehler behoben worden war, kamen Kommentare, die jedoch zumeist nicht druckreif ausfielen.
In der Statistik wird man diese ebenfalls vergebens suchen - die Meldefrist für Beschwerden war längst abgelaufen.

Sondersendung: Bei der nächsten Ausstrahlung von „Schlag den Raab" soll nicht mehr wie bisher *gekleckert*, sondern richtig *geklotzt* werden. Angepasst an die neue Gewinnsumme, die ein Kandidat gewinnen könnte, wenn er denn dazu fähig wäre, soll auf jeden Fall wieder ein einzelner Anrufer nicht 4, nicht 5, nicht 6, nein, 60 (!) nagelneue aber identische KFZ gewinnen. Um hier mitmachen zu können, braucht man lediglich einen IQ von 60 Cent.

Urlaubsfeeling I: (28. November (2012)
Nachdem die Mehrheit der Deutschen bereits das zweifelhafte Vergnügen hatte, sich in Besitz eines eigenen, kleinen Stückchens Griechenland zu wähnen, nur weil sie sich die roten Zahlen auf ihrem Kontoauszug angesehen hatten, dürfen sich jetzt die Nutzer von Facebook auf ein ähnliches Event freuen.
Sie glauben sich in Ägypten zu befinden, denn sowohl hier als auch dort, sollen die Mitspracherechte gekippt werden, die es doch sowieso noch nie gegeben hat.

Urlaubsfeeling II:
Die wachsende Unsicherheit in fremden Ländern hat erneut dazu geführt, dass die Deutschen ihren Urlaub immer öfter im eigenen Land verbringen möchten. Dies ist aber auch auf die Klimaveränderung zurückzuführen, die inzwischen den eigentlich so nasskalten November zum wetterstabilsten Monat der letzten Jahre hat werden lassen. Dass die Urlauber jedoch zum Sonne tanken hoch hinauf müssen, wegen des oftmals hartnäckigen Nebels, hat auch der noch geheime Investor aus München erkannt, der mit dem Erwerb und der Wiederaufnahme des Hotelbetriebes auf dem Predigtstuhl beste Möglichkeiten hierfür schaffen möchte.
(Anm. der Red.: Kurze Zeit nach Veröffentlichung dieser *selbst gemachten Nachricht* kam der Verkauf des Predigtstuhls an einen *heimischen* Investor zustande.)

Richtigstellung: Um nochmals auf Facebook zurückzukommen – das in den Medien stets als Vorzeigeexemplar bezüglich ausnutzbarer Datenverarbeitung naiver *Geheimnisvonsichgeber* angeprangerte Soziale Netzwerk ist nicht einmal annähernd so gefährlich, wie es in den Medien oft dargestellt wird. Dies hat die TU Grmpflingen herausgefunden. Wo sonst wird man umfragetechnisch beispielsweise sonst noch gefragt, ob man in einem bestimmten Ort wohnt, in der Nähe jenes Ortes, 100 km davon entfernt, in einem anderen Land oder gar auf einem anderen Kontinent lebt, obwohl der Wohnort dick und fett in der Infoleiste steht?

Tricks I: (12. Dezember 2012)
Dass sich in Schoki-Adventskalendern Spuren von Öl finden lassen, ist laut Hersteller, ganz NORMAL! Sie konnten durch ihre Pressesprecher glaubhaft versichern, dass darin sogar eine Absicht liege, denn nur dank dieses Zusatzes bräuchten bekennende Freunde von Schokolade keine Verstopfung zu befürchten und könnten, wie in unseren Breitengraten mittlerweile gang und gäbe, an mehreren Exemplaren gleichzeitig naschen.

Tricks II:
Wie ein privat beauftragter Wirtschaftsprüfer nach jahrelangen Recherchen herausfand, kommen die kuriosen Modetrends der letzten Jahre nicht von ungefähr. Die Modemacher sollen angeblich im Auftrag des Sozialministeriums ihre Kreationen mit zerrissenen, grob geflickten und verwaschenen Jeans und speckigen Stiefeln und Schuhen so designen, dass neu von alt kaum zu unterscheiden ist. Auf diese Weise soll die Spannung zwischen Arm und Reich etwas gelockert werden.

Tricks III:
Der Gesundheitsminister warnt vor einem angeblichen Schlag-anfall-Diagnose-Schnelltest, der derzeit die Runde macht. Hierbei sollen evtl. Betroffene das Wort „Adventskränzbrände" fehlerfrei wiederholen. Seiner Meinung nach führt dies zu ei-ner völlig unnötigen und deutlich erhöhten Inanspruchnahme des Rettungsdienstes, vor allem dann, wenn dieser *Test* nach ausgiebigem Glühweinkonsum, beispielsweise auf Advents-märkten, durchgeführt wird.

Tricks IV:
Mit einem Psycho-Trick gelingt es dieser Tage den Optimisten, über die dunkle Jahreszeit hinwegzusehen. Sie denken einfach immer daran, dass je kürzer die Tage sind, desto näher der Zeitpunkt rückt, ab dem sie wieder heller werden.

Gesetzesänderung:
Nur noch wenige Tage, und die Praxisgebühr gehört der Vergangenheit an. Darüber freuen sich nicht nur die Pati-enten, sondern auch die Ärzte und deren AssistentInnen, die sich jetzt allesamt wieder den wirklich wichtigen Din-gen zuwenden können: der Behandlung von Krankheiten.

Hoffnungsschimmer:
Das erneute Scheitern der letzten Umweltschutzkonferenz trägt doch noch einen keimenden Hoffnungsschimmer in sich: Alle beteiligten Länder wurden sich nämlich darin einig, dass es auf jeden Fall weitere Termine für neue Versuche der Verständigung geben wird. Sie legten sich schon mal auf die nächsten, vorerst 1000 Jahre fest.

Raffinesse:
Entgegen der Empfehlung ihren Frauen zu Weihnachten keine Küchenutensilien wie beispielsweise antihaftbeschichtete Bratpfannen, universelle Nudelmaschinen und/oder Brotbackautomaten zu schenken, kommen gerade derartige, angeblich verschmähte Dinge bei den Beschenkten bestens an. Sie haben gehört, dass der Gebrauch derselben, in Verbindung mit ihren eigenen Kochkünsten, dazu führt, die Gatten so gut bekochen und verwöhnen zu können, dass diese gar nicht mehr außer Haus speisen wollen und somit so viel Geld sparen, dass sie ihren Frauen unter dem Jahr mit den eigentlich wirklich erwünschten Juwelen, Kleidchen und dazu passenden Schühchen geradezu überhäufen.

Goldfieber:
Die neuen Erkenntnisse, dass bestimmte Salze schon bald das Heizöl als Energiequelle ablösen könnten, haben an den Börsen weltweit zu einem Run auf die Schürfrechte geführt. Besonders die betroffenen Regionen wie beispielsweise das Berchtesgadener Land, versprechen sich durch diese Möglichkeit, zu neuem Reichtum zu kommen.

Gleichberechtigung: (19. Dezember 2012)
Nicht nur die schön gewachsenen Tannenbäume, sondern auch die verknörzelten, windschiefen und spärlichen sollen ihre Chance bekommen, hübsch geschmückt einen Platz in heimischen Wohnzimmern zu ergattern. Ab sofort stehen sie unter dem Schutz des Diskriminierungsparagrafen und sollen eine Quote von fifty-fifty erreichen. Mit Hilfe von *mehr Lametta*, Christbaumkugeln und Kerzen würden sie auch gar nicht weiter auffallen – inmitten der riesigen Berge von Geschenken.

Letzte Minute:
Alle Jahre wieder soll es Menschen geben, denen zufällig erst kurz nach Geschäftsschluss am Heiligen Abend einfällt, dass Weihnachten vor der Tür steht und sie ohne Geschenke für ihre Liebsten nicht gerade gut dastehen würden. Hier die *Top-Four-List* für solche Fälle in 2012: auf **Platz Nr.** 4 - Bücher mit Kontaktadressen namhafter Persönlichkeiten – das jeweils örtliche Telefonbuch, wahlweise auch die Gelben Seiten. **Platz Nr.** 3 - Luftgitarren, die sich auch für die unmusikalischsten unter uns eignen. **Platz Nr.** 2 - Das Bankerspiel. Dieses beinhaltet eine Pfanne und eine Packung arme (Brat)Würstl, die in dieselbe gehauen werden können. Und schließlich ⬛Tataaa⬛⬛ auf **Platz Nr.** 1 - Ein selbst gebastelter Maya-Kalender für 2013 – hierzu genügt ein Blatt zweilagiges Toilettenpapier, auf dem lediglich noch die Zahl 2013 geschrieben werden muss.

Apokalypse: (26. Dezember 2012)
Wer sich noch immer nicht sicher ist, ob am 21.12. die Welt untergehen wird oder nicht, der kann ab sofort sicherheitshalber bei der staatlichen Lotterie teilnehmen, in der die wenigen Plätze auf einer der Rettungs-Archen verlost werden. Unter der Aufsicht der obersten Bankenaufsichtsratsvorstandsvorsitzenden werden die *Hoffnungslose* im Internet unter: www.rettetdiebanker.eu angeboten.

Aufklärung: (02. Januar 2013)
Die Enttäuschung über den mangelnden Schnee zu Weihnachten war groß, doch wie die Uni Wien jetzt in einer jahrzehntelang anhaltenden (!) Untersuchung festgestellt und veröffentlicht hat, muss es sich bei der klassischen WEISSEN WEIHNACHT um ein Missverständnis im wahrsten Sinn des Wortes, handeln. Bei Christi Geburt im damaligen Palästina, gab es nämlich gar keinen Schnee, sondern lediglich die drei Weisen

aus dem Morgenland. Im Laufe der verhältnismäßig langen Zeit, der mangelnden notariell beglaubigten Aufzeichnungen und der daraus zwangsläufig entstandenen Verbreitung von Nachrichten durch die „Stille Post", wurden aus den Drei Weisen die Weisse Weihnacht.

Gegensätze:
Während der Einzelhandel mit dem Weihnachtsgeschäft nicht ganz zufrieden ist, da er sich ein MEHR vom Verkauf flacher Bildschirme, flacher Tablets, flacher iPads und flacher iPhones versprochen hatte, jubeln die Schönheits-Chirurgen über das Gegenteil. Sie können ein großes Umsatzplus beim Verkauf von Gutscheinen verbuchen, die in erster Linie dazu hergenommen werden, um ein MEHR an üppigen Kurven herzustellen.

RECHTSCHREIBREFORM der/die/das Soundsovielte:
Nur wegen einer unbedachten Äußerung unserer Familienministerin Schröder, die kürzlich meinte, dass es auch *„das liebe Gott"* heißen könnte, soll die deutsche Rechtschreibung abermals reformiert und *vereinfacht* werden. Ähnlich wie im Englischen wird es dann keine geschlechterspezifischen Bezeichnungen mehr, wie DER, DIE und DAS geben, sondern lediglich eine Art "THE". Und damit es diesmal wirklich einfacher wird und es auch diejenigen aussprechen können, die sonst mit dem *„Tieäitsch"* Probleme haben, schreibt und spricht man es im Deutschen eben "Se" bzw. „Si" - je nachdem, ob es sich vormals auf DER, DIE oder DAS bezogen hatte. Ganz einfach.

Verkehr: (09. Januar 2013) Unter dem Motto „Freie Fahrt für freie Bürger" hat unser Verkehrsminister für uns Autofahrer im neuen Jahr eine Überraschung parat. Freie Pisten, staufreie Strecken, wenig Gegenverkehr, unendliche Weiten und unzählig viele freie Parkplätze. Nur einen Haken hat die Sache dann doch wieder. Um an diesen äußerst verführerischen Annehmlichkeiten teilhaben zu können, müssten wir zunächst mit der Fähre übersetzen. Nach Griechenland, wo sich die Einheimischen die Haltung eines eigenen Pkws nicht mehr leisten können.

Ausgleichende Gerechtigkeit:

Lange, sehr lange konnten sich die Banker, Manager und Lobbyisten über uns lustig machen und Angela Merkel ließ in ihrer Neujahrsansprache durchblicken, dass sich besagte Personen ab dem kommenden Jahr sogar kaputtlachen dürfen. Ob diese doppeldeutige Aussage zu einem Ende dieser einseitigen Schadenfreude führt, wird sich erst nach einer gewissen Zeit herausstellen.

Verbraucherschutz:

Wie jetzt in einem Test, der sich gewaschen hat, festgestellt werden konnte, nein, musste (!), sind die von der EU inzwischen vorgeschriebenen Waschmaschinen mit der Energieeffizienz-Klasse "AA" aufgrund des Minderverbrauchs von Wasser keinesfalls empfehlenswert. Zumindest was die Waschwirkung betrifft. Lediglich die Bezeichnung sei äußerst aussagekräftig - insbesondere beim Waschen von (Stoff-)Windeln!

Kundenservice:

Über eine besonders saubere Aktion durften sich die Einwohner und Besucher des Großraumes Berchtesgadener Land und Traunstein freuen. Sie konnten, dank des Starkregens am Wochenende, die größte Freiluft-Autowaschanlage Europas, nämlich die A8, kostenlos benutzen. Leider konnte die Unterbodenwäsche, mit der man rechnete, nicht in Anspruch genommen werden. Diese fiel, mangels *freier Fahrt*, aus.

Fehlentscheidung:

Interpol hat sich mal wieder selbst übertroffen und ist innerhalb nur weniger Stunden dahintergekommen, aus welchem Grund die Russen dem französischen Schauspieler Depardieu wirklich die russische Staatsbürgerschaft verliehen haben, obwohl er (noch) nicht mal russisch kann. Putin möchte zwar mit Hilfe von

Wodka von ihm das Geheimnis des Zaubertrankes erfahren, hat jedoch nicht damit gerechnet, dass der Schauspieler dagegen immun ist, weil er schon als Kind in einen Weinberg gefallen ist.

Heimkehrer: Jetzt, da die Weihnachtszeit offiziell beendet ist, sind alle Urlauber nach Hause gefahren, die Kinder lernen in der Schule und die Arbeiter und Angestellten verdienen sich wieder redlich ihre Brötchen. Lediglich die Tierwelt steht teilweise noch Kopf. Durch die Schießereien mit Knaller, Böller und Raketen während der vergangenen Wochen, bei der die meisten *Vierbeinhaber* Reißaus genommen haben und vor lauter Nichtwissen *(?)* eine mehrfache Untersbergumrundung absolviert haben, fanden nicht mehr alle den Weg nach Hause. So wurde in einer Ortschaft in Oberbayern ein Hund zu Leuten gebracht, von denen man annahm, dass er ihnen gehöre. Allerdings war er es nicht, denn der ihrige befand sich mit der Tochter des Hauses auf Urlaubsreise. Nun werden verzweifelt die wahren Besitzer des armen Hundes gesucht.

Tricks: (16. Januar 2013)
Bundeskanzlerin Merkel hat endlich die Energielobbyisten dazu gebracht, Einsehen zu zeigen und die Offshorewindparks in der Nordsee, sowie alle bereits installierten Solarfelder mit den dazugehörigen Leitungen auszustatten. In einem eindringlichen Appell versprach sie ihnen einfach, dass sie durch den zu erwartenden Mehrverbrauch an Strom noch mehr verdienen würden, trotzdem, oder gerade WEIL er billiger wird, da keine weiteren teuren Endlager gebraucht würden UND somit auch die Bürgerinnen und Bürger zufrieden wären. Für ihre Rede gab es Standing Ovations von den Verantwortlichen und deshalb können die Leitungen, auf denen sie bisher saßen, endlich genutzt und verbaut werden.

Neue Wege:

Reisebüros haben die Zeichen der Zeit erkannt und bieten jetzt weitere spezielle Abenteuerurlaube an. Der "Desserttreck" durch die Servicewüste Deutschland verspricht der Kundschaft bei einer Durchquerung der Republik Spannung, Aktion und Ungewissheit pur. Los geht es mit dem ICE vom Stuttgarter Bahnhof, über einen Zwischenstopp in Köln – noch schnell am Dom vorbei, bis zum Flughafen Berlin Brandenburg und von dort aus via Flieger wieder zurück. Wer ankommt, ist „in". Und wer es schafft, ohne physische und psychische Schäden wieder zurückzukommen, der wird zudem auch noch zur Talksendung bei Markus Lanz eingeladen. DAS ist Gänsehaut pur.

Schweinerei:

Die erst kürzlich bei Piding/Bayern aus einem Leinensack und einem verschlossenen Kofferraum befreite Sau hatte richtig Schwein gehabt. Wie sich herausstellte, wollte ihr Entführer diese zu sich in seinen Heimatort holen, damit auch er endlich mal eine Sau durchs Dorf treiben könnte. Irgendwo muss er davon gehört haben, dass so etwas von den wahren Problemen ablenken würde.

Wahlschlappe: (23. Januar 2013)

Nicht selten ergeben sich aus Missverständnissen die kuriosesten Meldungen. Zuletzt bekamen dies die Abgeordneten jener Parteien zu spüren, die sich für einen Mindestlohn von 10 Euro/Std. einsetzten. Ihr Wunsch soll jetzt nämlich erfüllt werden. Allerdings nur, wenn sie auch zu den anberaumten Sitzungen erscheinen und tatsächlich mitarbeiten. Sonst bekommen sie nämlich gar nichts.

Sportskanonen: Das Geständnis des Rad-Doping-Profis Lance Armstrong ist in der Welt des Sportes mit gemischten Gefühlen aufgenommen worden. Während die eine Hälfte der Befragten für die Pharmaindustrie eine Lanze brechen möchte und es ihnen angeblich völlig egal ist, was und wie viel sich ein Sportler einverleibt, nur um als Sieger ins Ziel zu kommen, lässt uns der andere Teil wissen, dass ihm der Radsport seither ziemlich strong am *A... rm* vorbeigeht.

Aus dem Polizeibericht: Nur knapp entkam ein Marihuana-Dealer der Festnahme durch die Staatsgewalt. Er soll sich angeblich, zwar mit Mühe, letztlich aber erfolgreich, durch seine rechtzeitige Flucht mit einem Sprung in unbekanntes Gewässer gerettet haben. Wie ein Polizeisprecher bestätigte, könnte dieser tatsächlich durch längeres Abtauchen einer Gefängnisstrafe entkommen, indem er einfach wartet, bis Gras über die Sache gewachsen ist.

Zufallsprinzip: Viele Bürgerinnen und Bürger fühlen sich zunehmend von den Räumfahrzeugen belästigt, die versuchen, sie mit Ach und Krach aus dem Tiefschlaf zu schippen. Dass diese Maßnahmen nötig sind, damit die arbeitende Bevölkerung einigermaßen heil und pünktlich an ihrem Arbeitsplatz erscheinen kann, ist allerdings unbestritten. Hilfreich in diesem Fall ist die Tatsache, dass die Einsätze nur dann erfolgen, wenn zuvor Lärm dämpfender Schnee vom Himmel gefallen ist.
(Frage aus der Red.: Wie kommen eigentlich die Schneeräumdiensthaber zu ihrem Arbeitsplatz, wenn alles eingeschneit ist?)

Hilfsmaßnahmen: Findige Köpfe haben die Kältewelle der letzten Tage zum Anlass genommen und eine neue Generation von Kühlschränken auf den Markt gebracht. Sie sollen über ein so großes Gemüsefach verfügen, dass die von der Kälte gebeutelten Bundesbürger mitten im Winter zwischen Möhren, Tomaten und Salat spazieren gehen können, ohne dass sie sich Frostbeulen holen.

Missverständnis: (30. Januar 2013)

Der gestohlene *Güldene Butterkeks der Fa.* Bahlsen ist wieder aufgetaucht. Also mehr oder weniger ...

Die Diebe waren zwar ziemlich gerissen, was die unbeobachtete und eigentlich unmögliche Demontage betrifft, allerdings hatten sie ihn lediglich deshalb mitgenommen, weil sie dem Volksmund Glauben schenkten, dass man mit Gold immer auf der sicheren Seite sei. Die Enttäuschung darüber, dass man Gold doch nicht essen kann, war so groß, dass die Diebe ihn kurzerhand in einem Tümpel versenkt und sich erst einmal bei einem *Mc Döff* gestärkt haben. Dort konnten sie dann anhand der goldenen Kekskrümel, die an ihren Jacken hafteten, überführt und verhaftet werden.

Musikwelt: Die Rangliste der Faschingshits dieser Saison steht fest: Auf **Platz Nr. 3** der Dauerbrenner:
♪ ♫ ♪ "Wer soll das bezahlen. Wer hat so viel Geld?" ♪ ♫ ♪
Platz Nr. 2: ♪ ♫ ♪ "Es fährt ein Zug, nur wenn, dann wo ...?" ♪
Und neu auf **Platz 1:** ♪ ♫ ♪ "Trink, trink *Brüderle* trink, lass doch die Sorgen zu Haus´ ..." ♪ ♫ ♪

Misstrauen anstatt Zutrauen:

Die Tatsache, dass 2048 ein Asteroid auf die Erde einschlagen soll und die Weltgemeinschaft dies mit geeigneten Gegenmaßnahmen abzuwenden versucht, macht vor allem Autobesitzer dahin gehend skeptisch, dass dies gelingen wird, solange es Autobauer nicht hinbekommen eine geeignete Autobatterie zu erschaffen, die in der Lage ist, zumindest einige der eingebauten Komfortfunktionen wie z. B. die Sitzheizung aufrechtzuerhalten. Und zwar im Winter!

Neuer Termin für Weltuntergang?

Wissenschaftler der Uni Freiburg sind sich einig: Aufgrund der unerledigten Aufgaben, die derzeit noch in der Luft hängen, wie z. B. BER und Bahnhof Stuttgart, kann die Welt gar nicht, wie von einer Untergrundgruppe prophezeit, am 11.12.13 um 14:15 Uhr untergehen.

Abgekartet:

Der angebliche Disput zwischen Heino, der unerlaubt Hits diverser Deutschrockgruppen, darunter *Die Ärzte* und *Rammstein,* gecovert hat, und eben jenen Bands hat sich als cleverer PR-Gag entpuppt. Sein neues Album verkauft sich wie warme Semmeln und die Umsätze werden natürlich geteilt. Blöd nur, dass die Musik nicht abgespielt werden kann. Die Angehörigen der Käufer verbitten sich dies.

Eilmeldung: Journalistin fühlt sich diskriminiert und verklagt Politiker wegen unterlassener Komplimentierung.

(In Anlehnung an die Anzeige einer Journalistin, die sich nach über einem Jahr dazu entschlossen hat, einen namhaften Politiker wegen damaliger sexueller Nötigung anzuzeigen, weil dieser ihr angeblich auf ihren Allerwertesten gepatscht hat und es offensichtlich Kolleginnen gibt, die sich darüber ärgern, dass ihnen das selbst noch nicht passiert ist.)

Dumm gelaufen: Lothar Matthäus hat aber auch ein Pech. Als er erfuhr, dass Arosa gar keine Verflossene ist, die sich mit ihm versöhnen wollte, stürzte er beim Skifahren und zog sich einen Armbruch zu. Im Hinblick auf die junge Nachtschwester, die für ihn zuständig war, nahm er das jedoch gelassen und meinte nur, dass ein Armbruch ja schließlich kein Beinbruch sei.

Sicherheit I: (06. Februar 2013)
Die Weltsicherheitskonferenz in München ging am Sonntag mit einem großen Überraschungserfolg zu Ende. Alle Teilnehmer wurden sich darüber einig, dass es auf der Welt schon einen sicheren Platz gibt. Und dieser befindet sich immer genau dort, wo die Sicherheitskonferenzen stattfinden. Schon aus diesem Grund wollen sie sich bald wieder treffen und halten derweil die Welt in Atem. Sicher ist sicher.

Sicherheit II: Nachdem erst kürzlich wieder herauskam, dass gerade in der dunklen Jahreszeit die unbeleuchteten Fahrradfahrer oftmals nur von den Beifahrern der KFZ-Führer ausgemacht werden können, sollen die Radfahrer dadurch kenntlich gemacht werden, indem sie an ihrem Drahtesel einen fluoreszierenden Organ-Spenderausweis montieren. Sicherheitshalber!

Fasching:
Das Kostüm oder die Verkleidung sind im Fasching das A und O! Angesagte Trends in diesem Jahr sind:
1. Der MUFF. Warm eingepackt hält man auch die frostigsten Temperaturen aus. Gerade, wenn der Fasching so früh wie heuer stattfindet. **2. Der Muffin** - Ob blond, ob braun, ob schwarz – immer lecker anzuschauen und richtig süß. Nachteil: Man könnte etwas angeknabbert werden.
3. Der MUFFEL – ganz gleich, in welchem Beruf man sich verdingt – frisch von der Arbeit auf den Faschingsball kommt immer gut an und wirkt durchaus authentisch.

Einigkeit: Luxus kommt von Lux, so *scheint* es. Und weil Lux für die Gesundheit des Menschen besonders wichtig sind, hat sich der hierfür zuständige Minister in die Auflagenliste für Neubauten eingemischt. Er besteht darauf, dass in die Badezimmer und Toiletten von künftigen Wohnungen und Häusern wieder lichtdurchlässige Fenster anstatt Lüftungsanlagen eingebaut werden. Die Tatsache, dass sich mit diesem Vorschlag viel Strom spart lässt, ruft auch den Kollegen des Umweltamtes auf den Plan. Er sicherte bei diesem Unternehmen sogleich seine vollste Unterstützung zu.

Vorsorge: (13. Februar 2012)
Wie die Presseagentur *Nachhalla* erst jetzt mitteilte, gingen vor allem in der letzten Woche bei der *Voiceation Gesangsschule Freilassing* vermehrt Anmeldungen von sangeswütigen Kids ein. Allerdings, so erzählte uns Obercoach Robin D. mit einem verschmitzten Lächeln, kamen die meisten Verträge nebst Vorauszahlungen nicht durch die Eltern der Mädels und Jungen zustande, sondern auf Initiative von deren Nachbarn.

Notfall: Eine neuartige Einstands-Mutprobe ist einem jungen Radiomoderator am letzten Samstag nicht gut bekommen. Er hatte versucht, mit nur einem einzigen Atemzug die Verkehrsstörungen und Staus auf Bayerns Straßen zu verlesen. Mit Erschöpfungszuständen und Schaum vor dem Mund fanden ihn die Kollegen im Studio vor. Der herbeigerufene Notarzt konnte ihn jedoch durch sofort eingeleitete Hilfsmaßnahmen retten. Er legte ihm nahe, schon bald einen Kurzurlaub zur Erholung zu starten. Keinesfalls jedoch mit dem Auto!

Nachlese:
Aus dem Amt für Innere Sicherheit wurde gemeldet, dass die närrischen Tage jetzt immer so früh im Jahr stattfinden sollen. Die Tatsache, dass um diese Zeit mit größter Wahrscheinlichkeit Schnee liegt, ist hervorragend dazu geeignet, die Alkoholleichen des vergangenen Faschingsballes noch rechtzeitig aufzufinden, bevor sie erfrieren, weil sie so bunt sind. Stark gefährdet, im Straßengraben übersehen zu werden, wären dann allerdings die als Gespenster, Yetis, weiße Hennen, Gebirgsjäger (Winter) und Dalmatiner Verkleideten.

Zusammenhänge: Der steile Anstieg des Ölpreises in der jüngsten Zeit lässt sich kaum noch erklären. Selbst die Konzerne wirken irgendwie überfragt und irritiert, da ihnen die alte Leier mit den Kriegen auf der Welt, nicht mehr abgenommen wird. Um jedoch Erklärungen abgeben zu können, haben sie sich die wichtigsten Meldungen aus aller Welt zukommen und übersetzen lassen. Nun berufen sie sich auf die Sexismusdebatte, die Plagiatsaffären und den Rücktritt des Papstes.

Überfordert: (20. Februar2013)
Die Nachrichten und Ereignisse der jüngsten Zeit überschlagen sich buchstäblich und so ist es nicht verwunderlich, dass das deutsche Volk schon jetzt nicht mehr weiß, dass es sich bei dem Namen Schavan weder um eine Automarke noch um ein Speiseeis handelt und Guggenberg hält es für eine Anhöhe im Mittelgebirge mit guter Fernsicht. Nur beim Rücktritt des Papstes, da waren sie teilweise so geschockt, dass sie sich am ersten Fastentag aus Versehen anstatt Lachs und Fischeier, Lasagne und Döner einverleibten. Dieser Fehltritt wird ihnen jedoch durch die Fleischskandale der darauf folgenden Tage, stets in Erinnerung bleiben.

Fehlaufdrucke:
Der momentan angesagte Pferdefleischskandal hat nicht nur dazu geführt, dass Fleischprodukte auf Pferde-DNA untersucht und bei Entdeckung aus dem Verkehr gezogen werden, sondern auch, dass die gesamte Lebensmittelprodukte-Palette auf ihre Bezeichnungen hin überprüft wird. Bei vielen Produkten steht schon jetzt fest, dass sie ihren Namen ändern müssen. Ganz oben auf der Liste zum Schutz vor Verwirrung: Kinderschokolade, Hustensaft und –Tropfen und Käsekuchen. Auch die Gastronomie soll betroffen sein. Auf den Prüfstand kommen hier zunächst die Senioren- und Kinderteller, aber auch Zigeuner- und Jägerschnitzel.

Logische Schlussfolgerung: Nach den Meldungen der letzten Tage und der schon längst bekannten Tatsache, dass sich in Erdbeerjoghurt Sägespäne befinden (ist ja schließlich auch ein natürliches Produkt!), sollen jetzt Holzhäuser auf Spuren von Erdbeeren getestet werden.

Schadensbegrenzung: (27. Februar2013)
Das Rauchverbot in nicht geöffneten Gebäuden hat angeblich einen nachweisbaren gesundheitlichen Aspekt mit sich gebracht. Allerdings hätten sich die gesundheitlichen Beschwerden lediglich verschoben. So sollen zwar die Lungenkrebserkrankungen zurückgegangen sein, die Zahl der Z'widerwurzen Geschädigten stieg jedoch erheblich an. Um einen einigermaßen gesunden Ausgleich zu schaffen, sollen die jetzt zumeist unnötig herumhängenden Zigarettenautomaten in Mozart-Kugel-Automaten verwandelt werden. Gespräche zwischen den Gesundheitskassen und möglichen Lieferanten sind bereits in vollem Gang.

Erfolgsrezept: Der überwältigende Erfolg des neuen Albums von Heino ist gerade erst so richtig durchgedrungen, da fragen sich die Menschen schon, was seine Affinität zu Totenköpfen zu bedeuten haben könnte. Wie uns ein Insider hinter vorgehaltener Faust verriet, sollen sowohl das Cover als auch der Ring an seiner rechten Hand offensichtliche Hinweise darauf sein, welche Bands er noch covern wird: Angeblich geplant sind zunächst die Rolling Stones und danach Motörhead.

Mathematik:
Bei der Wahl zur Miss Germany fiel die Entscheidung der Jurymitglieder zum vierten Mal in Folge auf eine blonde Frau. Allerdings gaben die Verantwortlichen hinterher zu bedenken, dass die Jury bei der Wahl zur Miss World derzeit einen Hang zu dunkelhaarigen Frauen aufweist. Somit darf sich die Favoritin aus unserer Region, die sich bereits hervorragend zunächst als Miss Bayernwelle, nachfolgend auch als Miss Bayern etablierte, beste Chancen für die nächste Saison ausrechnen.

Vollbeschäftigung: (06. März 2013)
Die Arbeitslosenzahlen sind im Februar zwar gestiegen, doch sei das für diesen besonders trüben Monat völlig normal. So zumindest die einhellige Meinung der Verantwortlichen in den JOB-Centern. Im Grunde genommen könne eigentlich sogar davon gesprochen werden, dass die Deutschen voll in der Beschäftigung stecken. Nur eine Kleinigkeit sei da noch zu erledigen und daran wird mit Hochdruck geARBEITET! Das Ziel: die angemessene und volle Bezahlung für geleistete Arbeit.

Auswirkungen:
Pünktlich zum meteorologischen Frühlingsbeginn erwarten uns nun Temperaturen im zweistelligen Bereich. Plus (!) wohlgemerkt. Dass dieser Umkehrschwung so plötzlich kommt, ist kein Wunder. Petrus war so geschockt vom Rücktritt Benedikt des 16., dass er selbst eine Erholungsphase einlegen musste. Zum Bedauern der Haushaltskassen, jedoch sehr zur Freude der Energiekonzerne. Ab sofort zeigt er wieder, was er kann!

Umgangssprache:
Dass die telefonische Überwachung zu Missverständnissen mit verheerenden Auswirkungen führen kann, wurde in der vergangenen Woche wieder bewiesen. In einem Fall stürmten Beamte der Bundespolizei ein Hotel, weil in einem telefonischen Gespräch davon die Rede war, dass hier Gäste *umgelegt*

würden. Bei der anderen Sache nahmen sie einen unbescholtenen und liebenden Gatten fest, der ebenfalls via Telefon lediglich darum bat, seine Frau um die Ecke zu bringen. Wie sich beim Verhör herausstellte, ging es ihm jedoch keinesfalls um einen Auftragsmord, sondern im Gegenteil darum, dass seine Ehefrau, die sich ohne ihn nur einen Block weiter mit Freunden getroffen hatte, heil nach Hause gebracht werden sollte.

Wetterkapriolen: (13. März 2013)

Der Übergang von Winter auf Frühjahr ist in diesem Jahr besonders heftig. Viele AutofahrerInnen können bezüglich des Unfallhergangs keine genaue Aussage machen, ob ihr Rutsch in den Graben dem späten Glatteis oder der frühzeitigen Froschwanderung zuzuschreiben ist.

Frühjahrsputz: Viele Haushalte verzichten inzwischen auf die Einstellung einer Raumpflegerin oder eines Raumpflegers, weil die Hausherrin vor deren Eintreffen selbst schon Hand anlegen würde, damit sie sich nichts mehr nachsagen lassen muss. Um jedoch die Zunft der Reinemachefrauen/-Männer nicht auszusterben zu lassen, sollen diese jetzt an die sogenannten Messies vermittelt werden. Hier bestehe durchaus noch Handlungsbedarf und ein Nachahmungseffekt wäre äußerst wünschenswert. So die Arbeitsagenturen.

Aus der Reihe: WIR HABEN ES DOCH NUR GUT GEMEINT …!
Kommt heute ein Beitrag aus den Reihen der EU-Kommission. Eigentlich sollte die stromverbrauchsintensive Industrie dahin gehend zur Kasse gebeten werden, indem sie für die jetzt doch anfallende Energiesteuer selbst aufkommen müssten. Leider

haben das die Vorstände der jeweiligen Betriebe anders gesehen und rechnen bereits die Kosten zzgl. einer Bearbeitungsgebühr für die Umrechnung auf die Endabnehmerpreise um. Lediglich um die Kosten für die beheizten Rasen auf Golfplätzen wird Otto-Normalverbraucher wohl herumkommen.

Biologik: Da der Winter so lange, so kalt und so dunkel war, ist es nicht verwunderlich, wenn wir beim Anblick der ersten Frühjahrsblüher auf die seltsamsten Gedanken kommen. Die Schneeglöckchen erscheinen uns wie zarte Elfen mit ihren luftigen Röckchen, die uns das Frühjahr verkünden. Die Knotenblume darf es mit ihrer massigen Glockenblüte einläuten und die Himmelsschlüsseli (Primeln) öffnen uns die Tür zum Frühlingsparadies. Was mag das erst für ein Fest werden, wenn uns die Maiglöckchen mit ihrem betörenden Duft auf noch ganz andere Ideen bringen?

Ganze Arbeit: Zum Schutz des Verbrauchers hat der Verbraucherschutz den Schutz des Verbrauchs durch den Verbraucher angeordnet. Derzeit klappt das auch ganz wunderbar, so die Verbrauchsministerin. Die Skandale der letzten Zeit, vor allem im Bereich Lebensmittel, hätten sogar dazu geführt, dass selbst Nichtkatholiken die Nichteinhaltung der Fastenzeit echte Überwindung kostet.

Aufgedeckt. Dass jedes noch so kleine Geschäft inzwischen mit Tricks arbeiten muss, weiß wohl jeder. Bei Bäckereien sind es vor allem die Duftmaschinen, die frischgebackenes vorgaukeln. Beim Metzger spielt insbesondere die richtige

Beleuchtung eine wichtige Rolle, damit die angebotene Wurst und das Fleisch im richtigen Licht erscheinen. Allerdings fiel in letzter Zeit auch auf, dass die hinter dem Glas angepriesene Ware viel kleiner wirkt, als sie sich schließlich zu Hause zu erkennen gibt. Dies ist meist dann der Fall, wenn etwas stück- oder paarweise verlangt, jedoch nach Gewicht abgerechnet wird. Was uns zu der Vermutung kommen lässt, dass es sich bei der Abdeckung der Kühltheken um Verkleinerungsglas handeln muss.

Präsent(ationen): (20. März 2013)
Derzeit treibt mindestens eine Firma ihr telefonisches Unwesen, indem sie dem Angerufenen ein Geschenk (!) zu ihrem eigenen 300sten Firmenjubiläum kredenzen möchte. Eine Kiste mit 12 Flaschen Wein nach Wunsch. Ob rot, ob weiß, ob trocken oder lieblich ... Alle Wünsche werden berücksichtigt. Der Haken? Das Geschenk (!) kostet die Kleinigkeit von 89 Euro zzgl. Versand. Wie die Dame am Telefon freudig darauf hinweist, sei das der Preis für lediglich 10 Flaschen. Die elfte und zwölfte wären umsonst! Also, wenn das kein *Schleppchen* ist ...

Eiszeit: Mit den steigenden Temperaturen kehrt auch die (Speise-) Eiszeit zurück. Pünktlich zum Frühlingsbeginn hat die Gewerkschaft BROT und (Fußball) SPIELE auf der internationalen Speiseeismesse die Renner der nahenden Saison verkündet. Als Favoriten stehen bereits folgende Sorten fest: *Bayerisch-Juventus* und *Dortmunder-Malaga*.

Die Umfrage der Woche.
Auf die Frage, ob er für die erneuten Warnstreiks mit evtl. Behinderungen und Ausfällen im Bahnverkehr Verständnis hätte, antwortete ein erfahrener Bahnreisender: "Streiks? Behinderungen? Wo? Wann? Ich verstehe nicht ..."

Neue Trendsportart? In letzter Zeit kann man immer mehr Spaziergänger beobachten, die mit einem Handspiegel durch die Gegend laufen. Auf Nachfrage bekommt man immer die gleiche Antwort zu hören. Dies sei die einzige Möglichkeit die raren Sonnenstrahlen während des gesamten Rundweges im Gesicht spüren zu können. Es sei denn, man ginge die Hälfte der Strecke rückwärts, doch das würde irgendwie nicht gerade intelligent aussehen. (!)

Eurokrise I: (27. März 2013)

Allen Unkenrufen zum Trotz – die Deutschen scheinen Krisen erprobt und harren der Dinge, die da kommen. Selbst über die sogenannte Zwangsabgabe können sie nur noch müde lächeln. Befinden sie sich doch schon, seit sie denken können, in Übung mit einer solchen. Nur kennen sie es unter dem Begriff *Steuern.*

Eurokrise II:

Der Notstand scheint jetzt (fast) überall angekommen zu sein. Lediglich die Hersteller von Pinnwandnadeln frohlocken über die steigende Nachfrage nach ihren Produkten. Sie sind derzeit in jedem Haushalt unentbehrlich, um die vielen Rechnungen der Reihe nach an die Wand heften zu können. Die Bundesregierung erwägt derweil, eine Pinnwandnadel-Steuer einzuführen.

Eurokrise III: Wunschdenken! Endlich scheint es einen Weg aus der Eurokrise zu geben. Die finanziell gebeutelten Länder könnten sich darauf einigen, dass die Gelder, die sie den Sparern zur Eurorettung wegnehmen, wieder zurückgeben, sobald die Krise überstanden ist und der sprichwörtliche Ofen wieder brennt. Bis dahin erhalten die Geschröpften eine Art Schuldschein, der ihnen den jeweiligen Betrag als zinslosen Kredit ausweist. Eine Rückzahlung erfolgt jedoch nur dann, wenn sich die Gelder nach eingehender Überprüfung als rechtschaffen erweisen.

Ernährung I: Wissenschaftler der Uni Würzburg haben jetzt festgestellt, weshalb so viele Menschen aus den doch eigentlich schönen und warmen Ländern nach Nord-Europa flüchten wollen. Sie haben irgendwann einmal gehört, dass bei uns sogar die Stiefel und Jacken *gefüttert* werden.

Ernährung II: Währenddessen hat die anatomische Fakultät Heidelberg herausgefunden, dass die Bundesbürger im Laufe ihres Lebens weitaus weniger Fleisch zu sich nehmen, als befürchtet. Dies läge jedoch nicht daran, dass sie ihre Essgewohnheiten tatsächlich umgestellt hätten. Vielmehr ist die Tatsache daran schuld, dass sie sich Gerichte einverleiben, die entgegen der Zutatenliste des jeweiligen Produktes, kaum oder überhaupt gar kein Fleisch enthalten.

Tierisch: Irren ist nicht immer menschlich. Und weil es sich in diesem Jahr mit seiner Frühlingsprognose offensichtlich geirrt hat, soll das **Murmeltier Phil** aus dem kleinen amerikanischen Ort **Punxsutawney,** dessen Name man nur dann aussprechen kann, wenn man aus dieser Ortschaft kommt oder den Film mit Bill Murray mindestens ein Mal gesehen hat, vor Übergriffen erboster Frühlingsfans geschützt werden, indem der weltberühmte **Murmeltiertag** künftig auf Anfang April verlegt wird. Das hat der Tierschutzbund beschlossen. Sicherheitshalber!

Sportlich? Weil Formel-1-Pilot Sebastian Vettel trotz anderslautender Anweisung von „Oben" seinen Teamkollegen überholt hat, hängt nun der Haussegen einigermaßen schief. Damit das nicht noch einmal vorkommt, künftig aber trotzdem wieder etwas mehr Spannung in die F1 kommt, halten Kritiker eine weitere *Überholung* der Regeln für angebracht. Sie meinen, man sollte künftig wieder den Schnelleren vorbeilassen.

Konsequenzen I: (03. April 2013)
Die traditionelle Osternachtwache war in diesem Jahr besonders gut besucht. Das mag vermutlich daran liegen, dass in dieser Nacht zufälligerweise auch die Uhrzeit um eine Stunde vorgestellt wurde, was nicht nur bei den Teilnehmern, sondern auch bei ihren Arbeitgebern sehr gut ankam. Die Wachhabenden hatten eine Stunde weniger zu tun und ausschlafen war auf den Ostermontag möglich. So konnten alle, die sich nicht in den ebenfalls traditionellen Osterstau begeben hatten, am Dienstag wieder fit und ausgeruht in die Arbeit gehen.

Konsequenzen II: Ein langer Winter kostet nicht nur uns Verbraucher viel Heizöl, Gas und Nerven, sondern auch den Gemeinden (also wieder uns) Unsummen für die Straßenräumdienste. Um hier einiges einsparen zu können, soll jetzt der Placeboeffekt auch auf den Straßen Einzug halten. Passanten, die auf spiegelglatten Wegen verzweifelt festen Halt suchen, bollern angeblich weitaus weniger durch die Gegend, wenn sie nur ganz kurz Platz für ein Streufahrzeug machen müssen. Dabei sei es völlig unerheblich, ob das Fahrzeug mit Salz beladen ist oder nicht. Hauptsache, sie können sehen, dass sich der Streuer dreht.

Konsequenzen III.

Die Auswirkungen des langen Winters sind jetzt nicht nur auf den desolaten Straßen und an leeren Salzvorratskammern erkennbar. Nein. Ein Vorfall, dass er eindeutig verheerende Zustände aufgrund der Energieknappheit hinterlässt, wurde aus Unterfranken vermeldet. Wie die Nachrichtenagentur „*Istelgrund*" mitteilte, soll sich ein Urgroßvater darüber erbost haben, dass seine Urenkelin zu ihm nicht mehr Opa sagt, sondern „*Türzu*".

Glücksfall: (10. April 2013)

Dass die Mittwochsziehung der Lottozahlen für ungültig erklärt wurde, weil 2 Kugeln nicht mitgespielt hatten, konnte den ehemaligen Gewinnern letztendlich nur recht sein. Wie sich herausstellte, hätte es aufgrund der reduzierten möglichen Gewinnzahlenkombinationen so viele Sechser gegeben wie noch nie und der jeweilige Gewinn hätte noch nicht einmal für einen Kleinwagen ausgereicht. So aber bekommen sie doch noch eine weitere Chance, ihren Chef irgendwann einmal beschimpfen zu können.

Rückrufaktion:
Ein Lebensmittelskandal, der nicht unerwähnt bleiben sollte, hat sich als harmlos herausgestellt. Wie ein Sprecher der Kriminalpolizei meinte, handelte es sich hier nicht um einen Anschlag, sondern lediglich um ein Versehen. Ein „Familienbetrieb" hatte einen Großteil seiner Ostereier, die er an die gesamte Verwandtschaft verschickte, zwar wunderhübsch gefärbt, doch leider vergessen sie vorher zu kochen. Greenpeace hatte kurzzeitig sogar Überlegungen angestellt, dies als Umweltverschmutzung anzuprangern, konnte aber wegen mangelnden öffentlichen Interesses davon überzeugt werden, davon abzusehen.

Verspätung:
Endlich ist er da. Der Frühling. Auf die Frage, wo er so lange gesteckt hat, antwortete er, dass er in diesem Jahr eigentlich vorhatte, besonders früh zu kommen, damit wir nicht so viel Geld für die Heizkosten bräuchten. Also wollte er mit dem Flieger von BER aus starten. Als er jedoch feststellen musste, dass das nicht möglich war, versuchte er es mit der Deutschen Bundesbahn. Der Rest ist Klischee …

Haushaltshilfe:
Wissenschaftler der Uni Freiburg haben jetzt in einer groß angelegten Studie herausgefunden, dass Saugnapfhandtuchhalterungen länger an der Wand haften bleiben, wenn man sie nicht mit einem Handtuch oder etwas anderem belastet.

Frühling I: (17. April 2013)

Der Schock saß tief, letzte Woche. Einige Bewohner aus der Alpenregion mussten sich sogar in psychiatrische Behandlung begeben! Und das nur, weil sie beim Blick zum Fenster hinaus so erschrocken sind, als sich wuchtige Berge vor ihnen auftürmten. Der Mehrheit fiel aber dann doch ganz schnell wieder ein, dass sie im Gebirge wohnen und die Berge monatelang wegen Wolken und Nebel einfach nur nicht gesehen hatten.

Frühling II: Dass der verlängerte Winter vielen Menschen das Leben schwer gemacht, aber auch verlängert hat, wird vermutlich in der Unwissenheit oder im Untergrund bleiben. Tatsache ist – die Motorradsaison hat später begonnen und somit hat sich auch die Gefahr bei einem Motorradunfall verletzt zu werden oder gar schlimmeres, um mindestens 80% reduziert.

Frühling III: Die Sonne und die damit verbundene Wärme, welche auch die letzten Überreste des Winters wegschmelzen lässt, bringen es an den Tag - Väterchen Frost war sehr fürsorglich den Maurern und Asphaltierern gegenüber. Ihnen hat er eine glorreiche Zukunft im Hinblick auf den Erhalt ihres Arbeitsplatzes beschert. Sie wurden mit jeder Menge Arbeit eingedeckt.

Kommunikation: Das Gerücht, dass die Telekom die Flatrate kippen möchte, hat für allerhand Unruhe in der Bevölkerung gesorgt. Nun ist herausgekommen, dass dies ein Vorschlag aus den Reihen der Bundesregierung war, damit die Bürger nicht mehr so viel Zeit mit Telefonieren und Internetaufenthalten

verbringen, sondern sich wieder vermehrt auf ihre Arbeit konzentrieren.
Angela Merkel höchst selbst hielt das jedoch für eine Anspie-
lung auf ihr eigenes Verhalten und wiegelte sofort ab.

EILMELDUNG:
Hausfrau nach Einkauf in einem Lebensmittelmarkt kurzfristig in ärztliche Obhut übergeben. Angeblich erlitt diese einen
Schock an der Kasse, weil sie mit einem höheren Rechnungs-
betrag gerechnet hatte. Eine Tatsache, die ihr gesamtes Welt-
bild durcheinander warf. An der Frage, was sie mit den nun
übrigen 1,20 Euro anstellen könnte, scheiterte sie kläglich.
Wie herauskam, hatte sie lediglich übersehen, dass das Pfund
Kaffee im Angebot war.

Goldige Zeiten: (24. April 2013)
Der Preis für Gold befindet sich in freiem Fall. Nun möchten
die Kommunen ihre Bürger mit diesem Problem aber keinesfalls alleine lassen und haben schnelle und unbürokratische
Hilfe versprochen. Ab sofort dürfen Goldreserven und -rück-
stände in allen Variationen und unbegrenzten Mengen beim örtlichen Bauhof abgegeben und entsorgt werden. Und das auch
noch völlig kostenlos!

Skandal: Wissenschaftler der Uni Wien sind jetzt nach jahr-
zehntelanger (!) Testphase dahintergekommen, dass entgegen
allen Versprechungen der Veranstalter der Domplatz in Salzburg zu bestimmten Zeiten eben NICHT für jedermann zugän-
gig ist.

Frühjahrskunde:

Es ist wieder so weit. Die Froschwanderungen haben eingesetzt und deshalb werden die Autofahrer gebeten innerhalb der gefährdeten Gebiete noch vorsichtiger und langsamer zu fahren als sonst. Allerdings geht es nun nicht mehr nur um die Fröschle oder ihre Sammler alleine. Nein! Eine weitere Spezies macht sich auffallend breit und könnte womöglich in der Dämmerung übersehen werden.

Junge Mädchen, die sich der Illusion beraubt sehen, Spielerfrau zu werden, da es Mode wurde, Eheverträge abzuschließen, anstatt Eheversprechen, und weil Prinzen auch nicht mehr so gefragt sind wie früher, da diese nicht mehr wie Prinzen ausschauen, träumen jetzt gleich von der Lösung: Einen Frosch durch einen Kuss in einen König zu verwandeln.

Logik!?

Weil Onlineumfragen (!) ergeben haben, dass 90 % aller Internet-Nutzer ihre alltäglichen Bestellungen und auch Dienstleistungen wie z. B. Reisebuchungen via Internet erledigen, haben Markt-Experten empfohlen, die öffentlich zugängigen Geschäfte und Tourismusbüros auf 10 % zu reduzieren.

Schockschwerenot:

Wie erst heute bekannt wurde, musste bereits Anfang der Woche ein Handwerker aus der Umgebung in eine Spezialklinik für psychisch angeschlagene Opfer eingeliefert werden. Ein Krankenhaussprecher konnte jedoch Entwarnung geben und teilte in einer Pressekonferenz mit, dass es dem Patienten wieder einigermaßen gut gehe. Auslöser für seine Schockstarre war die Begegnung mit dem Alptraum eines jeden Handwerkers – der sogenannten Schreckschraube.

Spo(r)tt: (02. Mai 2013)
Laut einer Umfrage sollen die Menschen, die dem Sport im Allgemeinen bisher schon mehr passiv als aktiv gegenüberstan-
den, nun noch mehr desillusioniert sein. Dabei haben sich
längst ganz neue Wettkämpfe in unserem Längengrad etabliert, die durchaus sehr spannend werden können, ohne dass
ein Finger gekrümmt werden müsste.
Auf der Interessensliste ganz oben stehen:
Platz Nr. 3: das Tuning.
Auf **Platz Nr. 2**: das Doping
Und auf **Platz Nr. 1**: Ta taaaa ... das Player-Power-Shopping.

Ursachenforschung:

Das vergangene Wochenende bescherte dem Berchtesgadener Land einen ungeahnten Ansturm von Touristen. In Anbetracht der schwindelerregenden Über-
nachtungszahlen rätseln die Gastgeber nun, ob dies
auf die positiven Wettervorhersagen des Herrn Sven
Plöger vom NDR zurückzuführen ist, der explizit das
BGL als einziges Gebiet in der Republik nannte, an dem
schönstes Wetter herrsche, oder ob es auf den Wahlausgang des Reichenhaller Bürgerentscheids zurückzuführen ist, der die Welt wissen lässt, dass, egal ob
mit Tunnel oder lediglich Umgehungsstraße, alle gerne
einmal an Reichenhall vorbeifahren dürfen.

Welttage: Dass der Welttag des Baumes nicht mit dem des Buches zusammengelegt wurde, ist kein Zufall. Früher, als Bücher
noch in großen Mengen gedruckt wurden und erst dann in die
Buchhandlungen kamen, wäre dies ein Affront gegenüber

jeden Regenwaldbeschützer gewesen. Doch dank der modernen Digitalisierung haben Verlage heute nicht nur die Möglichkeit Bücher komplett elektronisch zu übermitteln, sondern auch Druckausgaben erst auf Bestellung herauszubringen. Darauf ein Freibier für alle Bürger - Zum Welttag des Bieres, der zeitgleich mit dem 200-jährigen Jubiläum einer hiesigen Brauerei zusammenfiel.

Nächste Hilfe I: (08. Mai 2013)
Nachdem die allgemeinen Steuern und die Steuern für diese Steuern nicht mehr ausreichen, um alle Finanzlöcher stopfen zu können, hat die Bundesregierung beschlossen, eine *Nochmehrwert-Steuer* in Höhe von 20 % einzuführen. Allerdings macht ihnen jetzt die Verbraucherzentrale einen Unterstrich darunter und zieht eine *Minderwertsteuer* für entsprechende Produkte und Leistungen in Höhe von 39 % ab.

Nächste Hilfe II:
Wegen Unverträglichkeitssymptomen bei Ü40-jährigen Besucherinnen und Besuchern, die an Ü30-Partys teilgenommen hatten, soll jetzt vorsichtshalber die rentenrelevante Einzahlergruppe der 40 – 65-Jährigen geschützt und bei derartigen Veranstaltungen nur noch mit Trainingsschein zugelassen werden.
(Anmerkung: Verdachtsmomente und/oder Ähnlichkeiten mit Ihnen bekannten Personen sind rein zufällig)

Fehlschuss: Entgegen der Annahme, dass beim diesjährigen Finale der Champions League auf jeden Fall Deutschland als Sieger hervorgehen wird, und dies zu Unmutsäußerungen aus rivalisierenden Nachbarländern kommen könnte, kam jetzt, nach Überprüfung der Listen auf Namen und Herkunft der aufgestellten Spieler heraus, dass fast ganz Europa, ja mitunter

sogar Teile der ganzen Welt gewinnen werden. Unter die Nord-
Goten haben sich Türken, Polen, Serben und Brasilianer ge-
mischt und sollte der Staat aus dem Süden den ersten Platz
belegen, haben automatisch Ghana, die Philippinen, Belgien,
Frankreich, Holland, Kroatien, Italien, Peru, Spanien, Däne-
mark und sogar Österreich mit gewonnen. Es gibt also ausschließlich Grund zur Freude.
(Quelle: Kurt-J. Heering persönlich – Autor von „50 Jahre Bundesliga")

Boulevard:
Die holländische Inthronisierung ist jetzt schon eine Zeit lang
her und Hape Kerkeling, dieser Teufelskerl, hat es nun doch ge-
schafft, den Thron zu besteigen. Wenn auch nicht, wie schon
vor einigen Jahren geplant, als Königin, so eben jetzt als König.
Witzig ist jedoch, dass das (außer uns) noch gar keiner bemerkt
hat.

Kontrollwahn: (15. Mai 2013)

Hinsichtlich der zunehmenden Unmoral und (Steuer)
Versündigung ihrer Bürger, erwägt die Bundesregierung ausgerechnet (oder wie wir Bayern sagen: „a
grad") ihr Personal erheblich aufzustocken. Gesucht
werden: Zollfahnder, Sozialhilfemissbrauchsmelder,
Steuerfahnder, Kriminologen, Gefängniswärter, Aufsichtsbeamte, Kontrolleure, die die Aufsichtsbeamten kontrollieren und Aufsichtsbeamte, die die Kontrolleure beaufsichtigen, die die Aufsichtsbeamten
kontrollieren, wenn diese die Kontrolleure beaufsichtigen ...

Hilfsmaßnahmen I:
Immer mehr Socken fristen aufgrund der Gier von Waschmaschinen und Wäschetrocknern ein Dasein als Single. Dem möchte nun der Verband Deutscher Kreativdenker, in Zusammenarbeit mit Karl *Hagerfeld*, einen Riegel vorschieben, indem es künftig einfach keine einsamen Socken mehr geben wird. Der Modetrend für Socken für die nächsten Jahre wird dahin gehend festgesetzt, dass die verschiedenfarbigen Socken, gerne auch in verschiedenen Längen, in zweierlei Schuhen, zum letzten Schrei werden. Bikinis gibt es ja schließlich auch schon längst in dieser Variante. Lediglich vom gemeinsamen Tragen von Socken in Sandalen wird nach wie vor abgeraten. Dies ist und ein bleibt das ultimative No-Go.

Hilfsmaßnahmen II: Heimische Teiche und kleine Weiher haben bei Tests ihrer Wasserproben einen erhöhten Salzgehalt aufgewiesen. Allerdings nicht, wie zunächst vermutet, aufgrund einer undichten Solequelle, sondern weil immer mehr Salzbrezeln an Fische und Enten verfüttert werden.
Die Bäckeinnung hat Besserung gelobt. Sie möchte nun das grobe Salz, das von der Kundschaft überwiegend sowieso von den Brezeln abgefuselt wird, erheblich reduzieren.

De-Emanzipation: Dass Väter am Vatertag machen dürfen, was SIE wollen, Mütter am Muttertag jedoch der Großzügigkeit und dem Einfallsreichtum ihrer Sprösslinge ausgeliefert sind, hat sich in diesem Jahr wegen der kurz aufeinanderfolgenden Gedenktage sehr verdeutlicht. Besonders hart „Betroffene" pochen nun auf ihr Recht auf Gleichstellung und haben Wunschzettel für die nächsten Jahre vorgefertigt.
An oberster Stelle steht der Wunsch nach Ruhe.

Aufatmen: Die Hochzeit der Superstars Angelina und Bratt Pitt im überschaubaren Kreis auf ihrem Anwesen in Südfrankreich, soll die Kleinigkeit von 45 Mio. Dollar kosten. Ein Schnäppchen, wenn man bedenkt, welcher Aufwand hierfür tatsächlich betrieben wird. (Wäre es eine Staatsfeier, stünde ganz sicher noch eine Null dahinter. Mindestens.) So aber ist es ein Leichtes, jedem Gast ein besonderes Andenken überreichen zu können. Entgegen der Befürchtung, dass die Hochzeitsgäste mit einem Tattoo beglückt werden, welches die beiden in trauter Zweisamkeit zeigt, handelt es sich tatsächlich und sehr zur Freude aller, um eine geprägte Goldmünze. Schon der vielen Kinder wegen bleibt zu wünschen, dass es sich um eine dauerhafte und glückliche Ehe handeln wird. Und wenn doch alle Stricke reißen sollten, kann man sie ja wieder einschmelzen. Die Münze.

Konsequenzen I: (22. Mai 2013)

Der Verschwendungssucht der jetzigen und der vorherigen Bundesregierungen wird endlich Einhalt geboten. Nachdem der Verteidigungsminister angekündigt hat, nur noch das anzuschaffen, was wir wirklich brauchen (!), wird befürchtet, dass die gesamte Wirtschaft zum Erliegen kommen könnte. Lediglich der Bauernverband dürfte sich über eine rege Nachfrage nach Überlebensmitteln erfreuen. Weil ihm, also dem Minister für Verteidigung, diese Aktion trotzdem oder gerade deshalb barsche Kritik eingebracht hat und das Amt des Verteidigungsministers sowieso den höchsten Verschleiß an Führungskräften aufweist, soll ab sofort dem jeweiligen

Inhaber dieses Amtes ein Pflichtverteidiger zur Seite stehen. Dieser könnte dann notfalls mit Naturalien bezahlt werden. Bleibt somit die Frage, ob wir dann noch einen Verteidigungsminister BRAUCHEN, wenn nichts mehr zu verteidigen ist, was wir nicht selbst verteidigen würden?

Konsequenzen II:
Dem weiß/blauen Himmel sei Dank. Nachdem sich das Schönwetter schon mehrfach überwiegend auf die Alltagswoche zurückgezogen hat und die Wochenenden regelrecht ins Wasser fielen, können sich die Gastronomie, Hotellerie und die Gewerkschaft für Notfallbetreuungen über einen regelrechten Ansturm von Bewerbern und Mitgliedern freuen.

Konsequenzen III:
Radfahrer, die trotz Vorhandenseins eines Radweges die Straße benutzen und Autofahrer, die beim Verlassen des Kreisverkehrs nicht blinken, werden künftig mit der Auflage bestraft, nur noch in neonfarbenen Trikots und/oder grell leuchtenden Kfz am Verkehr teilzunehmen. Diese Maßnahme hilft den anderen Verkehrsteilnehmern die Gefahren rechtzeitig zu erkennen, und Unfälle zu vermeiden.

Fehlschlag:
Bei einer Hausdurchsuchung bei einem Politiker, der wegen einer Verwandtenaffäre zurückgetreten ist, konnten keine weiteren versteckten Verwandten gefunden werden.

Notwendigkeiten: (29. Mai 2013)

Weil sich Campino, seines Zeichens Frontmann der Band „**Die Toten Hosen**", nach einem Konzert bei einer Feuerschutztür eine Fingerkuppe abgequetscht hat, denkt eine EU-Kommission darüber nach, alle Feuerschutztüren mit einem Fingerschutz ausstatten zu lassen. Wie uns der Pressesprecher auf Nachfrage versicherte, braucht dagegen ein *Hosenschutz*, aus naheliegenden Gründen, nicht eigens in Erwägung gezogen werden.

Glücksfall:

Eine hochkarätige Abordnung, die am vergangenen Wochenende extra nach Berchtesgaden angereist kam, um dort eine neue touristische Attraktion einzuweihen, wurde zunächst jäh enttäuscht. Von unserem weltberühmten und attraktiven Bergpanorama war wegen der dichten Wolken nämlich nichts zu sehen und so richtig zapfig kalt war es außerdem.

Nur gut, dass es sich bei dem einzuweihenden Projekt um DAS HAUS DER BERGE handelte, denn so konnten sie sich doch noch eine Meinung bilden und sich einen Eindruck verschaffen, ob das Haus auch hält, was es verspricht.

Wirtschaftswunder: Laut einer Studie der Verbraucherzentrale soll sich in letzter Zeit der Umsatz im Einzelhandel massiv erhöht haben. Allerdings nicht, wie eigentlich zu erwarten wäre, im bargeldlosen Verfahren, sondern genau im Gegenteil. Gerade durch die Bezahlung mit Bargeld kamen auffallend viele Käufe zustande. Angeblich soll das mit der Einführung der neuen 5-Euro-Scheine zusammenhängen, welche die Bundesbürger entweder für Falschgeld oder einfach nur für so hässlich halten, dass sie die Scheinchen gleich wieder loswerden wollen.

Augenschmaus:
Frauenfußball soll jetzt für alle attraktiver gemacht werden. Anstatt der unansehnlichen Trikots, die auch ihre männlichen Kollegen zu tragen pflegen, werden die Damen ab sofort mit Strumpfhosen, Tutus und rückenfreien Bustiers ausgestattet. Passend hierzu gibt es anstatt stoppeliger Fußballschuhe, rutschfeste Ballerinas mit abgerundeten Stahlkäppchen. Damit auch wirklich jeder Schuss ins Schwarze trifft.

Regenzeit I: (05. Juni 2013)

Eisdielen passen sich erneut den klimatischen Veränderungen an und bieten inzwischen nicht mehr nur Glühweineis mit flambierten Orangenfilets an, sondern tauschen auch die klassischen Deko-Sonnenschirmchen gegen die regenfeste Variante aus.

Regenzeit II: Viele Hochzeiten, die eigentlich für dieses Jahr geplant waren, fielen buchstäblich doppelt ins Wasser. Die einen, die zwar stattfanden, jedoch aufgrund des Wetters kaum Durstgefühle aufkommen ließen. Und die anderen, die zwar für den Frühling versprochen wurden, dieser bisher aber nicht angekommen ist. Letztere Tatsache wurde vor allem von den unschlüssigen Heiratskandidaten erbarmungslos ausgenutzt. Zum größten Bedauern der Verwandtschaft, der ein ordentliches Trink- und Essgelage GERADE bei solchen klimatischen Verhältnissen sehr gut getan hätte.

Regenzeit III: Und wieder hat die EU eine Änderung beschlossen. Betreiber von Fußpflegestudios müssen sich bis 2015 insofern weitergebildet haben, dass sie das Know-how besitzen

allen Menschen, die in hochwassergefährdeten Gebieten wohnen, Schwimmhäute anzunähen. Um ihrer eigenen Sicherheit
willen soll diese Maßnahme auf das gesamte Bundesgebiet
ausgeweitet werden, sofern sich das Klima weiterhin in diese
Richtung entwickelt.

Regenzeit IV:

Der Verbraucherminister gibt bezüglich der Ressourcen-
verteilung Entwarnung. Zwar sei der Absatz von Heizöl,
Gas und Holz in den vergangenen 8 Monaten tatsächlich
gestiegen, was auf die miserable Wetterlage zu schieben
ist, doch konnte in anderen Bereichen durchaus gespart
werden. So gingen zum Beispiel der Bedarf an Kohle und
Gas für den Gartengrill im Allgemeinen, und der für Son-
nenöl mit hohem Lichtschutzfaktor im Besonderen durch-
aus zurück. Und was die Einsparung bei Strom für Kühl-
schränke, Klimaanlagen und Ventilatoren angehe, sei so-
wieso jedes Wort verschwendete Energie.

Regenzeit V:

Dass die Niederschläge der letzten Zeit in der Region verheerende Schäden anrichteten, muss eigentlich nicht eigens erwähnt werden. Aber dass Bade- und Taucherzubehör-Shops
einen gewaltigen Zulauf zu verzeichnen haben, ist durchaus
eine Nachricht wert. Vor allem waren Neoprenanzüge, Tau-
cherflossen, Schnorchel und sogar Sauerstoffflaschen sehr gefragt. Allerdings nicht, wie man vermuten möchte, für Tauch-
urlaube und Badeferien, sondern einzig und alleine zum Zweck
der Überlebenssicherung. Bemerkenswert ist auch ein Bericht
(oder ist es ein Gerücht?), dass eine Einwohnerin Reichenhalls

(Name der Red. bekannt) nach einem Surfbrett für Katzen gefragt hat. Angeblich sollen sich in ihrem Garten Stromschnellen gebildet haben, die für eine derartige Freizeitgestaltung ihres Haustieres ideal gewesen wären.

Ein Foto geht um die Welt: (12. Juni 2013)
Endlich ist das Geheimnis gelüftet, weshalb die Menschen in Bad Reichenhall ein überdurchschnittliches Alter erreichen. Nicht nur die gute Luft, sondern auch das gute Essen scheint seinen Beitrag hierzu zu leisten. So gesehen auf einem Foto eines aufmerksamen Passanten, der die Werbetafel eines Lokales am Rathausplatz via Fotografie im weltweiten Web verteilt hat. Auf diesem ist unschwer zu erkennen, dass die Reichenhaller ihre Pizzen nicht mit profanem Parmaschinken belegen, sondern mit „Pharmaschinken".

Abhöraffären:
Das mal wieder Bekanntwerden der Abhörmaßnahmen von Internet und Telefonie durch die NSA hat erneut für allerhand Wirbel gesorgt. Dabei ist es noch gar nicht heraus, ob nicht sogar die Optimisten die Pessimisten mit ihrer Einstellung übertrumpfen werden. Sie sind nämlich der Ansicht, dass vor allem die guten Ideen der Internetnutzer zur Problemlösung in allen Bereichen, die die Welt bewegen, herangezogen werden könnten. Zum Wohle ALLER.

Umtaufe I: Die Hotelkette „Four Seasons" denkt darüber nach, ihren Namen zu ändern. Nicht, weil der bisherige nicht mehr schön klingen würde, das beweist Vivaldi ja völlig ausgiebig, sondern weil sie sich aufgrund der Groß-Wetterlage damit einfach nicht mehr ruhigen Gewissens identifizieren können.

Umtaufe II:

In Anbetracht der Tatsache, dass kein anderes Ministerium einen höheren Verschleiß an Ministern aufweist als das Verteidigungsministerium, und der Amtsinhaber immer wieder seinen Posten verteidigen muss, hat die Bezeichnung „Verteidigungsminister" inzwischen einen ganz *schrägen* Unterton erlangt.

HÖREN UND LESEN:

Bei der Veranstaltung STADTLESEN in Bad Reichenhall fanden sich aufgrund des strahlenden Sonnenscheins nicht nur viele Leseratten ein, sondern auch solche, die anstatt des Wortes StadtLesen „statt Lesen" verstanden hatten. Dieses Missverständnis führte, sehr zur Freude der Vorleserinnen und Vorleser, zu einem erhöhten Andrang bei den Lesungen, wo sie zuhören konnten.

Reisen in D. I: (19. Juni 2013)

Verspätungen bei der Deutschen Bahn sind genauso wenig zu vermeiden wie Staus auf der Autobahn oder Probleme im Luftverkehr und der Schifffahrt. Damit aber die Zug-Passagiere die Wartezeiten auf den Strecken und in den Bahnhöfen nicht mehr so lästig finden, werden jetzt neue Angebote in das Reise-Programm aufgenommen: Fitnessabteilung, Großraum-Kino, Friseursalon mit Pediküre und Maniküre, Whirlpool, Massagen und Hot-Stone-Therapie sorgen künftig für ein Wohlfühlambiente, das sich gewaschen hat. Und die Liste soll sogar noch erweitert werden.

Reisen in D. II:

Immer wieder fühlen sich die Fahrgäste in Zügen von den nuschelnden und immer leiser werdenden Mitteilungen der Zugführer verunsichert, um nicht zu sagen genervt. Um hier Abhilfe zu schaffen, sollen die Sprecher jetzt einen Sprachkurs belegen, der ihnen helfen wird, künftig deutlicher sprechen zu können als so mancher deutsche Schauspieler. Zwar würde diese Maßnahme den Fahrgästen beim Vorwärtskommen auch nicht weiterhelfen, aber die Zugbegleiter sparen sich viel Zeit, wenn sie nicht mehr jedem einzelnen Fahrgast übersetzen müssen, welche Umsteigeoption er gerade verpasst hat.

Reisen in D. III: Die drohenden Streiks im Flugverkehr kommen der Deutschen Bahn gerade recht. Hat sie doch eben noch durch das Hochwasser verursachte Ausfälle und erhebliche Einbußen hinnehmen müssen, bekommt sie nun wieder regen Zulauf von flugunfähigen Passagieren.

Reisen in D. IV:

Viele StraßenverkehrsteilnehmerInnen verzichten inzwischen wieder auf ein unzureichendes und falsch informierendes Navigationssystem, welches sie mehr als zwei Mal an den Rand der Verzweiflung, respektive an Beinaheversenkungen in Flüssen und/oder in die verkehrte Richtung von Einbahnstraßen, Fuß- und Feldwegen führen wollte. Sie legen sich wieder eine(n) Beifahrer(in) zu und harren der Anweisungen dieser Personen, mithilfe von Straßenkarten. Allerdings sollte auch hier mit Problemen gerechnet werden. Jüngstes Beispiel einer Reisenden, deren Gatte auf die Frage, welche Ausfahrt sie denn nun von der Autobahn runterfahren müssten, folgendermaßen antwortete: „Äh, warte mal ... "

Schwungmitnahme: Ein unglaubliches Phänomen, welches alle Generationen gleichermaßen zur Bewegung ermutigt, macht gerade in so fortschrittlichen und technisierten Zeiten wie diesen groß von sich reden. Ganz egal ob Jung, ob Alt, selbst Gehbehinderte scheinen wieder Lust und Wonne zu verspüren unkonventionelle Tätigkeiten in tropischen Gefilden zu begehen. Kaum klappen zwei verschiedene Dinge hintereinander nicht, behaupten alle: „Das bringt mich noch auf die Palme!"

Wetterkapriolen: (26. Juni 2013)
Wissenschaftler der Uni Wien haben jetzt herausgefunden, weshalb das Klima so verrückt spielt. Petrus hat sich dem Größenwahn der Menschheit angepasst, und wenn DER jetzt zum Friseur geht und sagt: "Einmal waschen, schneiden, legen und föhnen bitte.", dann bekommen wir es eben mit Überschwemmungen, Baumbruch, Murenabgängen und Dachabdeckungen zu tun.

Plagegeister I: Die Stechmücken-Invasion hat zugeschlagen, respektive zugestochen. Immer mehr Menschen laufen mit roten Dippelchen am Körper herum. Bei so manchen entwickeln sich diese Dippelchen zu riesengroßen Beulen und ab und zu meint man sogar: „Nanu, da wächst ja ein neues Körperteil!"Laut Gesundheitsamt sollen das die Auswirkungen der Vielfliegerei sein. Exotische Mücken werden samt ihren Viren aus fernen Ländern mitgebracht und können große Schäden anrichten. Um dem abzuhelfen, hat die EU nun ein Fernreiseverbot für Stechmücken erlassen. Schon wegen des klimatischen Fußabdrucks sei dies unumgänglich!

Plagegeister II:
Der skandalöse Datenklau von da und dort, so ganz genau weiß man es noch nicht, wer was wo geklaut oder abgeschrieben hat, dazu müsste man ja Daten überwachen können (!), hat ungeahnte Folgen!
Die Mitglieder der Geheimdienste sind so sehr damit beschäftigt Unmengen an Daten auf ihren Wahrheitsgehalt nebst Rechtschreibung zu überprüfen, dass sie teilweise ganz vergessen ihre Gehälter zu kassieren. Somit kommt das dem Staatssäckel zugute. Welchem auch immer.

Plagegeister III: In Anbetracht der Tatsache, dass sich zunehmend mehr Verkehrsteilnehmer in verkehrter Richtung auf den Fahrbahnen befinden und nicht dort, wo sie von Rechts wegen hingehören, strengt die EU Überlegungen an, den Verkehr einfach dahin gehend zu ändern, dass sie die Fahrbahnrichtungen denen in England und Australien anpassen und somit weniger Verkehrsteilnehmer gefährdet sein könnten. Und wenn die EU schon mal nachdenkt ...

Sommer 2013 I: (03. Juli 2013)
Ein Filmproduzent möchte den Sommer 2013 verfilmen und sucht jetzt verzweifelt nach einem passenden Titel. Das ZDF hilft gerne und hat versprochen, in einer Sondersendung das Publikum über den Titel abstimmen zu lassen.
Zur Wahl stehen: *„Nur der Regen war Zeuge", „Kurz und schmerzlos", „Manche wollten's heiß", „Warten auf ...",* *„Wenn die Mücken leise tsingen", „Komm, vergiss es", „Sommer in Deutschland – oder: der Grund weshalb die Hautärzte zum Stempeln mussten", „2013 - das Jahr, in dem die Wüstensöhne Kontakt mit uns aufnahmen".*

Sommer 2013 III:

Die Abhöraffäre nimmt immer skurrilere, teilweise sogar erfreuliche Formen an. Zuletzt hieß es aus dem Außenministerium, dass die Übersetzungen der abgehörten Daten zu Wünschen übrig lassen, da diese den Gebrauchsanweisungen für beispielsweise ein iPad oder einer Waschmaschine aus Fernost gleichen würden. So gesehen kann der Sommer also doch noch heiter werden …

Aufgedeckt:
Wie ein Sprecher der versammelten (Rundfunk-) Anstalten verlauten ließ, soll die Verabschiedung zweier hochrangiger Führungskräfte von ihren Posten auf einen untragbaren Missstand zurückzuführensein. Die beiden meinten, dass die Politik seit geraumer Zeit selbst schon so satirisch rüberkommt, dass es den Politiksatiremachern zunehmend schwerfällt, ihr Publikum mit ebensolcher zum Lachen zu bringen.

Sparmaßnahmen:
Darauf haben vor allem die Pendler gewartet. Nun ist sie da. Die Lösung für finanziell schlechter gestellte Zeitgenossen, die auf Spritsparmöglichkeiten angewiesen sind. Die neue ESS-Klasse, die laut ADAC in der Dieselausführung nur 4,4 Liter auf 100 Kilometer verbraucht, ist ab sofort erhältlich. Lediglich die Kosten für die Neuanschaffung schrecken die Menschen teilweise noch ab, mal so richtig Sprit sparen zu können.

(Er) Sparbirnen:
Das Halten von den sündhaft teuren Ersatzbeleuchtungskörpern, im Vergleich mit den früher so günstigen Glühbirnen, die nebenbei auch noch einen wärmenden Effekt hatten, kommt überraschenderweise vor allem in öffentlichen Gebäuden NOCH teurer als befürchtet. Wie die Nachrichtenagentur Räubers mitteilen ließ, sollen sich die Diebstähle in Sachen *Leuchtmittel* mehr als verdreifacht haben. Der Wirtschaftsminister hat bereits reagiert, auch wenn er sich in Anbetracht der zu erwartenden Umsatzsteuern insgeheim ins Fäustchen lacht. Er hat eine Ausschreibung in Auftrag gegeben, wer die beste Diebstahlsicherung für Beleuchtungskörper herstellen kann.

Lichtblick: (10. Juli 2013)
Dass die Bundestagswahl kurz vor der Tür steht, ist seit der letzten Woche auch für die „verschlossensten" Ignoranten nicht mehr zu übersehen gewesen. Im Eilverfahren wurden vor der Sommerpause noch ganz schnell viele, unter anderem auch überlebenswichtige, Gesetze verabschiedet. Zu den existenziell wichtigsten und sinnvollsten gehört wohl, dass die batteriebetriebene Fahrradbeleuchtung nun offiziell erlaubt ist.

Knuffig: Zum Welttag des Kusses, der am vergangenen Samstag stattfand, wurde eine wissenschaftliche Studie veröffentlicht, aus der hervorgeht, dass sich laut Statistik zwar durchaus 95 % der Gefragten an ihren ersten Kuss erinnern konnten, an den letzten jedoch vergleichsweise nur schlaffe 60 %. Ein Grund mehr, einen solchen Tag öfters zu begehen.

Bombig:
Ein ominöser Koffer, der herrenlos am Berliner Bahnhof gefunden wurde, ist von einem Sprengkommando unschädlich gemacht worden. In einem *Explosivinterview* mit dem zuständigen Kommandanten heißt es, dass der Inhalt derart brisant war, dass diese Maßnahme unumgänglich gewesen sei. Augenzeugen, die der Detonation via Monitor beiwohnten, behaupten jedoch, dass sich darin nur noch heiße Luft befunden habe. Andere hingegen könnten Stein und Bein schwören, dass es die gesammelten Werke eines gewissen Edward Snowden waren, die sich in ihre Bestandteile aufgelöst hätten.

Beengend:
Dass München eine begehrte Stadt ist und der Wohnraum sehr teuer, war ja hinreichend bekannt. Doch jetzt kam es zu einem Vorfall, der den Mieterbund endlich Alarm schlagen lässt. Die Tatsache, dass sogar ein neuer Bayern-Spieler, der über ein ausreichendes Jahreseinkommen verfügen müsste, bis dato noch keine Wohnung gefunden hat.

Umständehalber: (17. Juli 2013)
Der Gesetzgeber hat ein neues Gesetz erlassen, wonach Ehen, die lediglich aufgrund einer Schwangerschaft geschlossen wurden, unter Umständen wieder annulliert werden können, sofern sie unter besonderen Umständen zustande kamen und insbesondere die Frauen nicht ganz zurechnungsfähig gewesen sein könnten.

Familienaffäre:
Mitglieder der Christlich Sozialen und der Christlich Demokratischen Parteien leiden neuerdings vermehrt unter Überarbeitungserscheinungen. Hauptgrund hierfür ist das neue Gesetz, das ihnen verbietet Familienangehörige als Mitarbeiter einzustellen. Und da für sie ja ALLE Brüder und Schwestern sind, kneift sie diesbezüglich ihr Gewissen ganz gehörig.

Vandalismus:
Das Problem mit den immer wieder nächtlich ausgehobenen Gullydeckeln, die einen sehr gefährlichen Eingriff in den Straßenverkehr bedeuten, soll nun ganz einfach gelöst werden, indem die Gemeinden, in denen das immer wieder vorkommt, die Gullydeckel einfach verschweißen lassen.
Dies käme auf jeden Fall günstiger, als wenn sie eigens hierfür Staatsmänner und -frauen dieser Welt einladen müssten, bei der diese Vorsorge aus Sicherheitsgründen sowieso vorgenommen wird, die Kosten für das ganze Drumherum jedoch ziemlich happig würden.

Good News:
Aufgrund der Tatsache, dass die UEFA-Fußballspiele-Übertragungsrechte künftig bei RTL liegen und somit nicht mehr von ARD und ZDF gesendet werden, sollen die Fernsehgebühren für den Endverbraucher erheblich gesenkt werden. Nach dem Motto: *„Brot und Spiele für das Volk"*, kam diese Meldung gerade noch rechtzeitig vor der Bundestagswahl.

Geburtenankurbelung:

Die EU hat beschlossen, die in Plastik verhüllten Heuballen verbieten und stattdessen die Lagerung des Heus durch eigens hierfür vorgesehene hölzerne Schober ersetzen zu lassen. Diese Möglichkeit gab es früher zwar auch schon, doch ist ihnen mittlerweile klar geworden, dass zwischen der enormen Reduzierung von Heuschobern und den sinkenden Geburtenraten der letzten Jahre in bestimmten Mitgliedsländern der EU ein direkter Zusammenhang besteht. Nicht nur die deutsche Familienministerin müsste von dieser Idee eigentlich begeistert sein.

Abgefragt: (24. Juli 2013)

Bei einer Umfrage unter der Bevölkerung der Bundesrepublik kam heraus, welche drei Fragen die Menschen derzeit am meisten beschäftigen. Auf Platz Nr. 3 Sie möchten wissen, wo der Rest der Welt seinen Atomschrott endlagert. Auf Platz Nr. 2 Weshalb Geschäfte immer dann ihre Öffnungszeiten ändern, sobald die vorherigen endlich notiert und an den Pinnwänden der deutschen Haushalte angebracht wurden.
Und schließlich auf Platz Nr. 1 Sie möchten wissen, wer zum Geier das nun wieder wissen möchte.

Abgelesen:

Wie wichtig es ist, die richtigen Buchstaben an die richtigen Stellen zu setzen und weshalb manchmal auch das Tragen von einer Lesebrille durchaus empfehlenswert ist, wurde in der vergangenen Woche wieder unter Beweis gestellt. Da lautete die Titelschlagzeile: „Frau Soundso hat unter unbekanntem Namen einen Krimi geschrieben und wurde hierfür gefeiert."

$\rightarrow$

Eine Leserin glaubte jedoch „… gefeuert …" gelesen zu haben. Sie kommentierte entsprechenden Unsinn, was zur Folge hatte, dass es eine heiße Diskussion gab, und hätte dieser Schlagabtausch nicht im Internet stattgefunden, er wäre in eine handfeste Schlägerei ausgeartet.

Abgehört:
Viele Details um den Skandal der Abhöraffäre zwischen den USA und Deutschland werden zwar noch immer so weit wie möglich geheim gehalten (!), doch wie der Bruder einer Schwägerin seiner Freundin von der Hauspflegerin des Hausmeisters aus dem Nachbarhaus in Österreich gehört haben möchte, soll angeblich das deutsche Volk, also unsere eigenen Mitbürgerinnen und Mitbürger, diese ganze Sache auch noch unterstützt haben. Wir sollen finanziell daran beteiligt, um nicht zusagen die Finanziers dieser Machenschaften sein!

Abgewandert:
Durch einen nicht ganz uneigennützigen Selbstversuch in Verbindung mit einer Umfrage in ländlicher Umgebung ist es einer Probandin (Name der Red. bekannt!) gelungen, dahinterzukommen, weshalb es so viele Menschen in die großen Städte zieht. Die Behauptungen der Bevölkerung stimmten letztendlich mit ihren eigenen Gelüsten nach einigen Stunden ihres Aufenthalts im Freien absolut überein. Es gibt in den kleineren Ortschaften einfach keine Eisdielen.

Abgefeiert:

Obwohl das Schuljahr in Bayern noch gar nicht zu Ende war, haben in der vergangenen Woche bereits einige Grundschulen ihren Jahresabschluss gefeiert. Wie ein Schulsprecher auf Nachfrage mitteilen ließ, war dies mehr als legitim, da schon längst zuvor feststand, dass alle *Insassen erstklassig* bestanden hätten.

Notmaßnahme: (31. Juli 2013)

In Anbetracht der Annahme, dass Petrus da mal wieder etwas falsch verstanden haben könnte, soll die jährlich stattfindende Veranstaltung der Bad Reichenhaller Philharmonie am Thumsee mit dem Titel: DER THUMSEE BRENNT umbenannt werden. Alternative Vorschläge sollten jedoch keinesfalls etwas mit eventuellen Katastrophenassoziationen zu tun haben. Vorsichtshalber!

Gewinnträchtig:

Leute die „was Gscheits" gelernt haben und so einen hohen Posten mit angemessener Vergütung ergattern, erhalten laut Hörensagen selbst dann noch viel Geld, wenn sie Mist bauen. Selbst ihre Absetzung wird angeblich noch mit einer Millionenabfindung *abgelösch(er)t*.

Sommerqualen:

Der anhaltende wunderschöne Sommer 2013 bringt leider nicht nur gute Laune mit sich. Abgesehen von der Landwirtschaft, die zuerst mit zu viel Nass kämpfen musste und nun große Probleme mit der Trockenheit hat, kommt es besonders häufig in der Damenwelt zu Unmutsäußerungen bezüglich der großen Hitze. Wie es scheint, gehen ihnen nämlich die leichten Kleidchen aus und sie stehen jetzt vor der Qual der Wahl, ob sie bei heißer Saharaluft bügeln oder doch besser zum Shoppen gehen sollten. Und das will was **heiß**en!

Wahlk(r)ampf:

Wissenschaftler der Uni Trier haben jetzt herausgefunden, weshalb es gerade in diesem Jahr in Deutschland einen besonders schönen und heißen Sommer gibt. Politiker aller Parteien holen aus naheliegenden Gründen derzeit für uns wieder das Blaue vom Himmel herunter. Ein Ende dieser Schönwetterperiode wird uns für das letzte Drittel im September vorausgesagt, wenn die Wahlen vorüber sind.

Abgeblasen:

Die Pläne der EU, Menthol-Zigaretten künftig verbieten zu lassen, sind angeblich vom Tisch. Nicht zuletzt wegen der Rücksichtnahme auf die (Geschmacks) Nerven unseres Altkanzlers, sondern auch weil sich ein derartiges Verbot mit Hilfe von Spearmint-Gum (bei uns auch Kaugummi genannt) und/oder, alternativ für Gebissträger, mit Pfefferminzbonbons ganz leicht zu umgehen sei, wurde im Hinblick auf die Verschwendung von Zeit, Geld und Papier davon abgesehen.

Gesundheitstipp I: *(07. August 2013)*
An die Invasion der Stechmücken haben sich inzwischen so gut wie alle gewöhnt. Auch wacht jetzt kaum noch einer wegen dem bisschen Juckreiz nachts auf und bringt seinen Kreislauf in Schwung. Lediglich die unschönen Kratzspuren, die man sich ganz automatisch im Schlaf zufügt, zeugen vom nächtlichen und absolut unerwünschten Besuch im Schlafzimmer. Auch die Hitzepflüchli (Sonnenallergie) fangen schön langsam an zu verblassen. Vor allem, wenn man diese unschönen Stellen direkt mit den jetzt in großer Blüte stehenden Blow-ups auf den Straßen vergleicht.

Gesundheitstipp II:
Nicht Wissenschaftler irgendeiner Universität waren es, die neueste Erkenntnisse bezüglich gesundheitsschädlicher Lebensmittel gewonnen haben, sondern ganz einfache Hausfrauen! Sie haben herausgefunden, dass nur in den seltensten Fällen die vermeintlich verdorbenen Lebensmittel an sich zu Gesundheitsschäden führen, sondern überwiegend die Berichte und Skandale darüber. Oftmals reiche sogar schon das Lesen einer Schlagzeile über einen neuen Skandal aus, um allergische Reaktionen, überdimensioniertes Herzklopfen, unkontrollierbare Kopfschüttelzwänge, Übelkeit und dergleichen zu verursachen. Am besten sei es, so die Sprecherin der Hausfrauenvereinigung, derartige Berichte möglichst zu ignorieren. Und gar nichts zu essen sei ja schließlich auch keine Lösung.

Gesundheitstipp III:
Generell sollte man darauf achten, dass, wenn schon ein Besuch bei einem Arzt nicht zu vermeiden ist, man stets etwas mitbringt. Ratsam wäre zum Beispiel ein kräftiger Schnupfen. Nur dann kann man sich auch wirklich sicher sein, dass einem der Arzt und alle im Wartezimmer befindlichen Personen wirklich Gesundheit wünschen. Zumindest akustisch.

Zufall: (14. August 2013)

Die Verbrechensbekämpfung hat unfreiwillig einen neuen Höhepunkt erreicht. Dass in D. nichts besser funktioniert als der Täterschutz, ist ja hinreichend bekannt. Nun hat es jedoch einen Fauxpas in der deutschen Justiz gegeben, der zu denken gibt. Ein in Untersuchungshaft Befindlicher, der aufgrund seiner Gräueltaten eigentlich sogar selbst davon ausging, dass er nie wieder ungesiebte Luft atmen wird, hat sich über seine lächerliche Strafe, die auch noch auf Bewährung (!) ausgestellt wurde, so krumm und bucklig gelacht, dass ihm aus anatomischen Gründen weitere Verbrechen künftig nicht mehr möglich sein werden.

Naturkunde:
In einer kleinen Ortschaft nahe der tschechischen Grenze hat die Nachricht, dass ein gewisser italienischer ehemaliger Staatsmann zu einer Haftstrafe verurteilt wurde, bei so manchen Gewürzpflanzen-Schürferinnen, Assoziationen zu gewissen blauen Pillen hervorgerufen. Sie fragen sich nun, weshalb überhaupt jemand auf diese teuren Hilfsmittel zurückgreifen muss, wo doch Mutter Natur so ziemlich alles hergibt, was der Mensch braucht. Um ihre These zu bekräftigen, führten sie als Beispiele Sellerie, Safran oder ganz einfach eine Spur Muskatnuss an, die als Zugabe zu Speisen eine ganz ähnliche Wirkungsweise haben sollen.

Wohlsein I:
Dass diese, unsere Gesellschaft eine der hektischsten weltweit ist, ist inzwischen wohl jedem klar geworden, der mit dem Bedienen der Maschinen, die einem das Leben doch leichter machen sollen, nicht mehr nachkommt. Um diesem Zustand abzuhelfen, haben sich Gesundheitsapostel auf die Fahne geschrieben, etwas zur Entschleunigung beizutragen und uns zu helfen. Sie meinen, dass dieser Schnelligkeitswahn schon so große Auswirkungen auf unser Wohlbefinden hat, dass man dem mit aller Macht entgegentreten sollte. Und zwar so schnell wie möglich!

Nachgeäfft. (21. August 2013) Die Idee Mehdorns BER Schritt für Schritt zu eröffnen, hat bereits Nachahmer auf den Plan gerufen. Bahnchef Grube zum Beispiel denkt inzwischen laut darüber nach, Züge, die eigentlich in Stuttgart haltmachen sollten, in Mainz und anderen potenziellen Bahnhöfen einen Zwischenstopp einlegen zu lassen und die dort Wartenden mitzunehmen. Angeblich soll es denen mittlerweile schon egal sein, wohin die Reise geht. Hauptsache vorwärts.

Staatsaffäre: Der Skandal um das Abhördebakel reißt nicht ab. Nun deckten Wirtschaftsprüfer in Zusammenarbeit mit *Bierologen* auf, dass auch in der Gastronomie schon seit vielen, vielen Jahren abgehört wird. Weibliche und männliche Agenten gehen mit Stift und Papierblöcken, manchmal sogar mit elektronischen Hilfsgeräten bewaffnet, zu ihren Opfern und fragen unverblümt nach deren Vorlieben, die sie fast zeitgleich an diverse Stellen weitergeben. Wie uns ein Informant wissen ließ, werden die Abgehörten hinterher sogar zur Kasse gebeten und sollen dafür auch noch (teilweise sehr) teuer bezahlen. Aber! Immerhin bekommen sie in den meisten Fällen das, was sie verlangt haben.

Äffle:

Kindermund tut Wahrheit kund! Was am vergangenen Wochenende wieder einmal erneut unter Beweis gestellt wurde. Wie eine relativ frischgebackene Tante uns mitteilen ließ, hat die Nichte, die ihr beim Kuchenbacken zuschauen durfte, verlauten lassen, dass sie mit der Verwendung des Teigschabers nicht einverstanden ist. Sie meinte, dass ein solches Teil absolut unwillkommen und von daher völlig überflüssig sei, weil nach Gebrauch dieses Utensils viel zu wenig Schleckteig in der Rührschüssel übrig bleibt.

Überholspur: (28. August 2013)

Der Einzelhandel steht kurz davor, sich selbst zu überrunden. Durch die Tatsache, dass seit vielen Jahren noch während der Sommerferien Dominosteine und Schoko-Nikoläuse in den Verkaufsregalen zu finden sind, und kurz nach Weihnachten schon wieder Ostereier gesucht werden, geht der Traditionsschutz in die Offensive und plädiert nun dafür, diese Entwicklung keinesfalls zu stoppen. Im Gegenteil. Er regt an, die Dinge sogar noch weiter voranzutreiben, und zwar in der Hoffnung, dass sich die Zeiten den Begebenheiten irgendwann wieder angepasst haben, und somit die Feste wieder dann gefeiert werden, wenn sie laut Kalender stattfinden.

Wenn auch ein Jahr zu früh, so doch wenigstens zum richtigen Termin.

Drogenreport:

Ist die Krankenkassen-Statisitk falsch?

Wie uns ein Insider aus der Statistik-Zentrale mitgeteilt hat, sollen laut seinen Aussagen 17 % der an dieser Statistik beteiligten Statistiker mit der Erstellung dieser Statistik völlig überfordert gewesen sein, sodass sie nur noch mit Aufputschmitteln arbeitsfähig waren und die schön gepuschten Zahlen nur noch vage wahrnehmen konnten.

Die restlichen 95 % (!) waren angeblich schon vorher krankgeschrieben.

Verbissen:

Ausgerechnet Vegetarier und Veganer stehen unter Verdacht, ihre Haustiere nicht artgerecht zu halten. Und nicht nur das. Gerüchten zufolge möchte sogar die Menschenrechtsorganisation Amnesty International Untersuchungen anstellen, die beweisen sollen, dass ein Zusammenhang zwischen der Verfütterung von ausschließlich Grünzeug und Sojaprodukten an „Bello" und „Mietzi" dazu führte, dass es in letzter Zeit wieder vermehrt zu Angriffen auf BriefträgerInnen, HandwerkerInnen und sonstigen Hausbesuchern gekommen ist.

Vorwärts: (04. September 2013)

Die Deutsche Bahn erwägt ihre Bistro-Wagen und Board-Restaurants wegen Unrentabilität zu schließen, weil das Speise- und Getränkeangebot von den Fahrgästen kaum noch

in Anspruch genommen wird. Was wiederum daran liegt, dass sich diese inzwischen selbst mit Brotzeiten und Getränken eindecken, weil sie sich nicht mehr auf die Verpflegung vonseiten der Bahn verlassen können, da eben jene Wagen ständig wegen technischer Störungen oder anderen Gründen ausfallen. Dafür möchte man den Fahrgästen bei den zunehmenden Verspätungen entgegenkommen und Schlafwagen anbieten. Allerdings müsste dann auch wieder Frühstück ins Programm aufgenommen werden, weil die mitgebrachten Brotzeiten evtl. nicht mehr ausreichen könnten ...
Fortsetzung folgt – vielleicht. Wir warten einfach weiter.

Eine wahre Statistik:
Dass die Bundesbürger im Durchschnitt ihre immer knapper werdende Freizeit immer weniger vor dem TV-Gerät verbringen, dafür aber länger vor einem PC sitzen würden, ist zwar richtig, doch liegt dies zum einen daran, dass diejenigen, welche sich noch nicht dem Computer verschrieben haben, immer mehr Zeit dafür benötigen, die immer dicker werdenden Programmzeitschriften auf willkommene Sendungen zu studieren, während die anderen damit beschäftigt sind, neue Programme auf ihren PC zu installieren, up zu graden, down zu loaden und die Viren zu beseitigen, die sie sich damit eingefangen haben.

Gegenoffensive: Den kriegerischen Bedrohungen in vielen Teilen der Welt soll jetzt durch eine Gegenmaßnahme, die sich gewaschen hat, die Schärfe genommen werden. Abordnungen mit hübschen Damen und Herren aus aller Herren Länder werden ins Land des Lächelns geschickt, damit sie nach Absolvierung eines mehrwöchigen Kurses mit dem neu gewonnenen Charme alle vorhandenen Armeen entwaffnen. Skeptiker bemängeln zwar, dass vor allem bei den Deutschen Hopfen und Malz verloren sein könnten, doch daran sei zum einen das Hochwasser im Frühjahr und später dann die Trockenheit schuld.

Aus der Gerücheküche: (11. September 2013)
Die EU soll laut Medienberichten darüber nachdenken, Parfum evtl. zu verbieten zu lassen weil es den Verbraucher angeblich krank machen kann. Nun warnt der Verbraucherschutz aber davor, genau dies zu tun. Er ist nämlich der Auffassung, dass Parfums und Parfum ähnliche Produkte unabdingbar seien, da sonst zu befürchten ist, dass sich die Menschen künftig gar nicht mehr riechen können und Streitereien somit erst recht entfacht werden könnten. Eine Pro- und Kontraliste zwischen Verletzungen, die von Raufereien kommen könnten, und der Gefahr, einen Juckreiz zu bekommen, ist bereits in Arbeit.

Geheimwaffe: Die Nachricht, dass die Geheimdienste der USA und GB dazu fähig seien, die Passwörter aller Internet-User knacken zu können, erschütterte die elektronisch verzwickte Welt zunächst aufs Äußerste. Dabei scheinen sie keinen Spaß zu verstehen. Doch genau hier findet sich die Achillesferse, die das Internet noch retten kann. Nachrichten und Codes werden künftig in Form von Witzen verschlüsselt. So haben die Spione und Agenten keine Chance mehr.

Wetter:
Die Meteorologen sind sich absolut einig. Ein solch schönes Wetter, wie das, welches wir am Freitag verzeichnen konnten, gab es zuletzt am Donnerstag davor. Wissenschaftler rechneten sogleich eine Wahrscheinlichkeit von 98 % aus, dass sich derartige Tage künftig wiederholen werden. Sie sollten recht behalten! Bereits am Samstag darauf war es schon wieder so weit.

Fingerspitzengefühle I: (18. September 2013)
Nicht repräsentative aber einem gesunden Menschenverstand angepasste Umfragen haben ergeben, dass wenn wir am kommenden Sonntag die Wahl hätten (!), sich tatsächlich die meisten Bundesbürgerinnen und Bürger für den Vettel entscheiden würden. Diese Tatsache zeigt, dass das Volk doch noch auf Vorbilder schaut, die sympathisch und tüchtig sind, über etwas bessere Manieren verfügen und immer ein klares Ziel vor Augen haben.

Fingerspitzengefühle II: Dass vier gezeigte Fingerspitzen NOCH besser bei den Wählern ankommen als eine einzige, zeigte die Wahl am vergangenen Sonntag in Bayern. Allerdings kam es nach der Bekanntgabe der Wahlergebnisse im benachbarten Österreich zu einem verhängnisvollen Zwischenfall. Eine TV-Zuschauerin soll sich mit ihren Chilifingern aus Versehen ungläubig die Augen gerieben haben. Einsatzkräfte der FPÖ (Freiwillige Programmhilfe Österreich) waren sogleich vor Ort und versuchten den Brand mit Heurigem zu löschen.

Fingerspitzengefühle III:
Die Diebstähle einiger Wahlplakatständer von den Grünen konnten aufgeklärt werden. Wie es heißt, soll es sich bei dem Delinquenten sogar um einen Anhänger dieser Partei handeln! Laut Aussage wollte er sich lediglich den überraschend hereingebrochenen kühlen Herbst etwas kuschelig gestalten und dazu nachwachsende Rohstoffe verwenden.
Zitat: „Das Gute lag so nah – ich konnte nicht widerstehen."

Quwahlen: In Anbetracht der Tatsache, dass sich außer den Gewinnern (immerhin jeder 2.) bei der Bayernwahl keiner so recht über das Ergebnis zu freuen vermag, konnten Wissenschaftler der Uni Bern inzwischen klären, woran das liegt. Es hängt mit dem Verbot von Wahlabsprachen zusammen. Würde dieses aufgehoben, könnte man Wahlklatschen, die im Volksmund auch als Denkzettel bezeichnet werden, vermeiden, indem man sich vor der Wahl abspricht, wer wen wählt, damit diese oder jene Partei mit dieser und jener zusammen etwas auf die Beine stellt - oder auch nicht. Diesbezüglich ist eine weitere Absprache nötig, welche Partei sich von welcher beim Regieren am liebsten blockieren lässt.

Arbeitsmarkt: (25. September 2013)
Der Renovierungsstau im alten Teil der Republik ist mittlerweile so gigantisch, dass er den obligatorischen, der auf unseren Straßen vorherrscht, zu überholen droht. Zur Abhilfe sollen alle Hochschulabsolventen an Seminaren teilnehmen, in denen ihnen die Vorteile eines Handwerksberufes nahegebracht werden, damit es ihnen leichter fällt, sich für einen solchen zu entscheiden. Ziel ist es, eine deflationäre Preisentwicklung bei Bauarbeiten zu erreichen, damit wir es uns auch leisten können, unser Land wieder schöner zu machen.

Wahl I:
Viele Bürgerinnen und Bürger brachten es am vergangenen Wahlsonntag fertig, mit nur zwei Kreuzchen Schiffe versenken zu spielen. So brachten sie „*Roter Oktober*" und „*Green Life*" ins Wanken und die „*Yellow Submarine*" ging gleich direkt unter.

Wahl II:
Wie ein Sprecher der Wahlleitung verlauten ließ, sollen künftige Bundestagswahlen besser nicht mehr im Herbst stattfinden. Zu viele Herbstfeste, darunter auch das größte der Welt, Kirchweihfeiern und sonstige Volksfeste stehen in Verdacht, die Ergebnisse zu beeinflussen. Wie es heißt, denkt man über einen Alternativtermin nach. Zur Diskussion stehen die Advents- und auch die Fastenzeit kurz vor Ostern. Beschwichtigungen kommen von den Brauereien. Sie geben zu bedenken, dass das *Fastenbier* doch viel mehr Alkoholgehalt hätte als das Festbier, woraufhin reihum ein süffisantes aber durchaus verräterisches Grinsen in Verbindung mit Hüsteln und Räuspern aus den Reihen der Union ins Protokoll aufgenommen wurde.

Die Gute Nachricht – **Wetter:**
Die Wetterexperten sind sich dahin gehend einig, dass die anhaltenden Regenfälle der letzten Zeit dazu führten, dass eine Waldbrandgefahr in den betroffenen Gebieten mit größter Wahrscheinlichkeit ausgeschlossen werden kann!

Sicherheit: *(02. Oktober 2013)*
Für Fischgräten-Phobiker dürfte diese Nachricht durchaus interessant sein. Fischzüchtern an der Atlantikküste soll es gelungen sein, Fische zu züchten, die keine Gräten mehr aufweisen. Die kleinen Schwabbeltierchen sind angeblich ideal, um den Verzehr eines Fischgerichtes genießen zu können, ohne Angst haben zu müssen, dass eine Gräte im Hals stecken bleibt. Allerdings befindet sich die Zucht noch im Aufbau und muss von der EU-Kommission genehmigt werden. Bis dahin gilt: Wer keine Gräten mag, der sollte sie vorerst einfach am Tellerrand ablegen.

Reaktionen I: (Der Kommentar)
Die erneuten Plagiatsvorwürfe, diesmal gegen ein hochrangiges SPD-Mitglied, müssen jetzt auch von mir einmal kommentiert werden. Zum einen bekommt man mittlerweile den Eindruck, dass so ziemlich jeder seinen Doktor im Abschreiben machen kann, sofern nur ausreichend Gänsefüßchen eingefügt werden; zum anderen möchte ich hiermit den lieben verehrten Karl Valentin zitieren, der schon damals erkannte: „Es wurde doch schon alles gesagt – nur noch nicht von jedem."

Reaktionen II:
Das späte Auffinden von 26 Postsäcken mit nicht gezählten Wahlscheinen wirbelt den ganzen Wahlausgang nochmals gehörig durcheinander. Angeblich sollen deshalb sogar Neuwahlen stattfinden. Skeptiker meinen allerdings, dass eine nachgeholte Auszählung dieser Stimmen rechtlich gesehen viel besser ankäme als eine Neuwahl, die auch wieder teurer wäre UND bei der man davon ausgehen müsste, dass wieder irgendwelche *Säcke* verschwinden könnten.

Klima-Konsequenzen:
Die Ergebnisse der Klimaschutzkonferenz sorgten wiederholt für einen Aufschrei in der Weltbevölkerung. Wir können nicht für alle Länder sprechen, doch wurden noch am gleichen Tag alleine in unserer Region hier im Berchtesgadener Land vermehrt Menschen beobachtet, die demonstrativ zu Fuß unterwegs waren. Massenansammlungen von Fußgängern gab es beispielsweise in bestimmten Bereichen in Bad Reichenhall, Freilassing und Berchtesgaden und grenzüberschreitend auch in Salzburg. Die Protest-Kolonnen wurden nur ganz selten durch herumirrende Kraftfahrzeug-FührerInnen unterbrochen, die sich partout nicht an das Fahrverbot in Fußgängerzonen halten wollten.

Misstrauen:
Die Verteuerung aller Kosten, die mit der Haltung eines Kraftfahrzeuges einhergehen, und vor allem die von Lebensmitteln im Zusammenhang mit den hundsmiserabligen (Übersetzung aus dem Fränkischen = hundmiserablen) Nachrichten aus der Lebensmittelbranche, in denen uns zwar Bio versprochen wird, dazu aber nur 20 % Bio beinhaltet sein muss (wenn überhaupt), lässt die Nachfrage nach Grundstücken und Parzellen in Schrebergärten stark ansteigen. Die Menschen haben ihr Vertrauen in die Lebensmittelbranche verloren und investieren lieber in Produkte „Marke Eigenbau". Lediglich bezüglich der Qualität des hierfür benötigten Samens besteht wiederum einige Skepsis. Wen wundert das noch?

Klima-Konsequenzen II:

Die Zunahme an Fahrraddiebstählen und die vermehrte Nachfrage nach Schubkarren und Leiterwägelchen könnten durchaus in Zusammenhang mit den Ergebnissen bei der letzten Klimaschutzkonferenz stehen. Experten aus allen Teilen der Welt möchten diesen Umstand demnächst bei einem gemeinsamen Treffen in Dubai besprechen.

Eindeutig: (09. Oktober 2013)
Nachdem die USA ein Gesetz verabschiedet haben, welches den Staatsbediensteten, die in unbezahlten Zwangsurlaub geschickt wurden, eine rückwirkende Entlohnung zusagt, gingen alle wieder an ihre Arbeit zurück, ohne dazu aufgefordert zu sein. Die Krise hat sich damit von ganz alleine gelöst.

Zweideutig:
Mit dem Ende des diesjährigen Oktoberfestes in München tauchen wieder allerhand Statistiken auf. Im ersten Moment verwunderlich, jedoch auch positiv, sei erwähnt, dass der Bier- und Alkoholkonsum insgesamt zurückgegangen ist. Ein von den Festzeltwirten beauftragtes Team, welches sich aus StudentenInnen der Bierologie und Wirtschaft zusammensetzt, hat bereits eine Liste mit ersten „MutMAßungen" vorgelegt.
1. Der Maßpreis hat in diesem Jahr das Höchstmaß erreicht.
2. Die Formel zur Umrechnung des Verhältnisses zwischen den verkauften Maßen und dem tatsächlichen Bierabsatz muss dahin gehend geändert werden, dass 1 Maß in etwa einem Dreiviertelliter (eher noch weniger) entspricht.

3. Viele Oktoberfestbesucher kamen wegen der horrenden Preise, mithilfe von zuvor einverleibtem, günstigeren Dosenbier, bereits angeheitert auf die Wiesn.

4. Der Anblick der Dirndl-Mode in diesem Jahr, in den Farben Zuckerwatte-Rosé und Holunder-Rot-Metallic, in Verbindung mit den verwendeten Materialien aus *Fliegengitter-Tüll* und *Leichtschmor-Plastilin*, sorgte auch ohne die Einnahme von Alkohol für rauschartige Zustände, die sich durch Schwindel und Übelkeit bemerkbar machten. Was wiederum bei den Einsatzkräften der Rettungsorganisationen für Verwirrung sorgte, da bei vielen Betroffenen keine oder kaum Promille festgestellt werden konnte.

Zwangsläufig:

Die Rettungsaktionen von in Not geratenen Bergsteigern und Bergwanderern, die sich in Sommerbekleidung in Gefahr begeben hatten, werden witterungsbedingt bald ein Ende haben.

Sportskanonen: (16. Oktober 2013)

Während sich unsere österreichischen Nachbarn in aller Ruhe im Laufe der nächsten 4 Jahre auf die übernächste Fußball-WM vorbereiten dürfen, hadern wir Deutschen mit der Spannung in der Formel 1, die sich derzeit den Vergleich mit einem ausgeleierten Hosengummi gefallen lassen muss.

Doch es besteht Hoffnung. So verschafft sich so mancher von uns einfach Nervenkitzel, indem er auf die Entwicklung eines analogen Fotofilms wartet, was im heutigen Zeitalter der Digitalisierung, mit deren Hilfe man unmittelbar nach Betätigung des Auslösers die Ergebnisse bestaunen, verwerfen und sofort Neuversuche anstellen kann, an Spannung kaum zu überbieten ist.

Gesundheit:
Die Meldungen über den Nichtnutz rezeptfreier Medizin (und auch rezeptpflichtiger) haben einen ungeahnten Ansturm auf alternative Hausmittelzubereitungen in ihrer reinsten Form heraufbeschworen. Nun aber haben sich schon wieder Skeptiker gemeldet, die bemängeln, dass Kamille, Thymian und Co. ebenfalls mit Umweltgiften belastet sein sollen. Dies, so ein Sprecher der Kräuterlobby, sei jedoch völlig „aus der Luft" gegriffen.

Aus der Gerücheküche:
Die Tatsache, dass die Kosten für Aus- und Umbauten vom Wohnsitz eines gewissen Vertreters der katholischen Kirche ins Uferlose steigen, stinkt nicht nur den Kirchensteuer zahlenden Gläubigen, sondern bereits bis zum Himmel. Und dabei soll es sich noch nicht einmal um Limburger Käse handeln, obwohl sich seine angebliche Erklärung beim Papst durchaus so anhört! Er meinte doch glatt, die Handwerkskosten in Deutschland seien schuld und angefangen hätte dieser Umbaumarathon nur damit, weil ein Bild schief hing …
(In Anlehnung an den berühmten Sketch von Loriot)

Rettungsschirme: (23. Oktober 2013)
Wissenschaftler aus dem Grenzgebiet „Nord-Süd" haben jetzt herausgefunden, woran es liegt, dass in Franken viel mehr Schlüssel und Geldbörsen als vermisst gemeldet werden als im Süden Bayerns. Es seien die Regenschirme, die sich hier zunächst als Fallschirm und dann als Rettungsschirm erweisen, weil diese sowohl dort als auch da zum Trocknen in einen Schirmständer gestellt werden, der sich in der Regel neben der

Garderobe und/oder der Schlüsselablage befindet. Und weil es im Süden Bayerns im Verhältnis zum Norden mehr Niederschläge gibt, tauchen erwähnte Dinge zwangsläufig viel schneller wieder auf, wenn sie einem direkt vor die Füße fallen.

Sport:

Das ominöse *Phantom-Tor* im Spiel „*Hoffenheim : Leverkusen*" lässt selbst diejenigen staunen, die sonst eher wenig bis gar nichts mit Fußball am Hut haben und es lässt viel Platz (!) für Spekulationen. So ließ zum Beispiel ein Sprecher der *gewebetreibenden Zunft* aus der Küstenregion in Montenegro verlauten, dass das Material, welches für die Netze zuletzt verwendet wurde, absichtlich mit etwas Elastan versetzt worden sein soll, damit die Verletzungsgefahr für die Torwarte verringert wird.

Optionen:

Ungewollte und/oder übrig gebliebene Baumärkte, die in einigen Ortschaften unerwünscht sind, könnten in anderen Gemeinden, die noch nicht mit derartigen Angeboten gesegnet sind, direkt (Markt) Lücken füllen. So denkt man nicht nur in Bad Reichenhall durchaus über die Aufnahme eines solchen nach, damit mal wieder Nägel mit Köpfen gemacht werden können.

Umfragewerte:

Ergebnissen einer nicht repräsentativen Meinungsumfrage zufolge werden die Verbraucher in Bezug auf Angaben bei Meinungsumfragen immer vorsichtiger. Mit Recht! So wurde uns im Laufe der letzten Woche mitgeteilt, dass eine völlig harmlose Person an einer schriftlichen Umfrage via Internet teilnehmen wollte, die ca. 8 Min. ihrer Lebenszeit in Anspruch nehmen sollte. Doch schon bei der dritten Frage, bei der sie Angaben bezüglich ihres Alters machen sollte und mit „keine Angabe" beantwortete, flog sie mit der Begründung aus der Umfrage heraus, dass sie nicht interessant genug wäre! Dieser Tatbestand machte jene Person jedoch vonseiten anderer Internet-User wiederum SEHR interessant. Was für uns bedeutet: Wie man es macht, ist es falsch – oder richtig – je nachdem.

Rückrufaktion: (30. Oktober 2013)

Dass die Rentenbeiträge (prozentual!) im nächsten Jahr auf ein Niveau gesenkt werden können, das dem von vor über 20 Jahren entspricht, ist nicht mehr als recht und billig. Denn nicht nur, dass die zu viel ausbezahlten Beiträge an bereits verstorbene Rentner, die im Ausland leb(t)en, zurückgefordert und somit dem Renten-Tiegel wieder zugeführt werden können, macht dies möglich, sondern auch die Tatsache, dass immer mehr Rentnerinnen und Rentner KFZ-Steuern bezahlen, was wiederum in die Rentenkasse (zurück) fließt. Eine Verbesserung des Zustands der Straßen ist in Anbetracht dessen gar nicht mal so dringend notwendig. Voraussetzung hierfür: Die *Fahrwerke* werden ebenfalls auf das Niveau von vor über 20 Jahren angepasst, sodass sich die Schlaglöcher und sonstigen Schäden in den Straßen wie eine Ganzkörpermassage oder eine orthopädische Anwendung positiv auf den Körper auswirken können. Die Sanierungen von "*Brücken*" müssen jedoch, aus naheliegenden Gründen, unbedingt fortgeführt werden.

Psychosen:
Ein Forschungsteam, welches von der geschäftsführenden Bundesregierung zwar überraschend, dafür aber umso dringlicher beauftragt wurde, herauszufinden, ob die Abhöraktionen der NSA tatsächlich besorgniserregend seien, hat festgestellt, dass in der letzten Woche der Absatz von Handys und Smartphones rapide gestiegen ist! Wie es heißt, soll die stetig wachsende Anzahl derer, die sich vereinsamt fühlen, dafür verantwortlich sein. Und zwar aus dem ganz einfachen Grund, der sie in dem Glauben lässt, irgendwo auf der Welt gibt es jemanden, der ihnen endlich einmal zuhört.

Regelwut: (06. November 2013)

Das Vorhaben der EU Strom fressende Geräte in ihrem Verbrauch zähmen zu wollen, stößt mal wieder auf Kritik. Skeptiker meinen nämlich, dass bis 2017, wo sich Staubsauger mit einer Leistung von höchstens 900 Watt verkaufen lassen dürfen, noch so viel Staub aufgewirbelt wird, der sich dann bestenfalls mit *Jammerlappenwischtüchern* beseitigen lässt. Dem stehen die Befürworter gegenüber, die auf die EU vertrauen und stark davon ausgehen, dass bis dahin der Staub an sich sowieso verboten wird.

Sport: Das Vorhaben, die Fußballweltmeisterschaft 2024 wieder nach Deutschland zu holen, versetzt schon jetzt unsere nachwachsenden Politiker in Wallung. Sie erhoffen sich demnach eine Wiederholung des Sommertraumes von 2006, während dessen Gesetze und Verordnungen verabschiedet werden konnten, ohne dass die Bevölkerung Notiz davon nahm.

Sportlich: (11.Nov. 2013)
Die Deutsche Bahn rüstet weiter auf. Wie uns heute zu Ohren gekommen ist, soll sich bei der Deutschen Bahn grundlegend etwas ändern. Gourmet-Freunde kommen ab sofort nämlich voll auf ihre Kosten! Im ICE, auf der Strecke Hannover/Göttingen gab es heute zum Beispiel fangfrische Krabben.
Wer sie fing, durfte sie behalten.

Sportlich in den Alpen:

Die Welle der Empörung der Olympia-Befürworter über den für sie negativen Ausgang des Bürgerentscheids am vergangenen Sonntag dürfte schon sehr bald wieder abebben.
Laut Klimaforschung soll es bis 2022 nämlich gar nicht mehr genug Schnee geben, um eine derartige Veranstaltung ausrichten zu können. Dafür jedoch bleiben wir weiterhin mit ausreichend Wasser gesegnet. Was liegt also näher, als in die Zukunft zu schauen, und die *Saalachwelle* in Bad Reichenhall zu realisieren? Auch wenn diese noch nicht genehmigt oder gar gebaut ist – eine Welle der Begeisterung schiebt sich bereits jetzt durch die gesamte Region.

Sparmaßnahmen: (13. November 2013)
Die anhaltend hohen Stromkosten und die sündhaft teuren, doch stets kaputten (!), obwohl eigentlich recht neuen Energiesparlampen zwingen so manche Kommune Maßnahmen zu ergreifen, die es früher auch schon gab. So sollen jetzt an

Straßen und Alleen wieder Birkenbäume gepflanzt werden, deren weiße Stämme selbst das schwächste Licht reflektieren und so den Verkehrsteilnehmern ein bisschen Orientierung verschaffen. Strom-Lobbyisten, die mal wieder fragen: „Und was ist mit uns!?", dürfen sich ebenfalls freuen. Die Agentur für Arbeit sucht viele neue Mitarbeiter im Bereich der Straßenreinigung – vor allem im Herbst, wenn die Bäume ihr Laub verlieren.

Unterhaltung I:
Wie jetzt erst bekannt wurde, haben sich viele Familien schon einen Plan ausgedacht, für den Fall, dass der Strom unbezahlbar wird. Sie haben zum guten alten Gesellschaftsspiel zurückgefunden und mit neuen Ideen aufgepeppt. Beispielsweise pfeift ein Mitglied die Titelmelodie eines Films und die anderen müssen versuchen diesen zu erraten. Hierzu ist noch nicht einmal Licht notwendig und der Spaßfaktor ist (ebenfalls) unbezahlbar!

Unterhaltung II:
Die Bewerbung einer Frau für die TV-Sendung *„Wetten dass …"* hat schon bei ihren privaten Proben auf öffentlichem Grund für allerhand Aufsehen gesorgt. Sie wollte beweisen, dass sie es schafft, mit nur einem einzigen Pkw so zu parken, dass insgesamt 4 Stellplätze, in Worten: „VIER!", für andere Verkehrsteilnehmer nicht nutzbar sind und es hierbei auch noch fertig bringt, einen intelligenten Gesichtsausdruck aufzubehalten. Mit der Begründung, dass das ZDF einen Bildungsauftrag zu erfüllen hätte und künftig nur noch vorbildliche und nachahmenswerte Wetten annehmen möchte, wurde dieser Wett-Vorschlag dankend abgelehnt.

Unterhaltung III:
Die Jury für die anstehende Oscar-Verleihung hat überraschend unseren Klaus Kleber nominiert. Und zwar in der Sparte: "Beste Schauspielkunst".
Begründung: Klaus Kleber vom ZDF-Heute Journal ist es gelungen, dem Publikum die Illusion zu schenken, er hätte den Aussagen und Versprechen, die bestimmte Politiker/innen vor der Bundestagswahl gemacht hatten, tatsächlich Glauben geschenkt!

Nachteile: Beim Internationalen Welttag der Putzfrau am vergangenen Freitag haben sich einige wieder schmerzlich daran erinnert gefühlt, weshalb sie beim Versuch diesen ehrenwerten Beruf zu erlernen, kläglich gescheitert sind.
Sie hatten zu viel kaputt gemacht, den Schmutz unter den Teppich gekehrt und viel zu viele Schmierstreifen hinterlassen. Somit waren sie gezwungen, einen lukrativeren Job, beispielsweise einen in der Politik anzunehmen, durch dessen Entlohnung sie sich eine tüchtige Putzfrau leisten können.

Alternative: (20. November 2013)
Der Ausgang des Bürgerentscheids in Oberbayern, bezüglich der Winterolympiade, hat seltsamerweise bei einigen, die sich zuvor den Kopf darüber zerbrochen haben, für Bauchschmerzen gesorgt. Die Gesundheits- und Brunnenstadt Bad Reichenhall möchte nun Hilfe anbieten. So soll jetzt (noch) ein Brunnen entstehen, der nicht nur schön anzuschauen ist und Wasser von sich gibt, sondern einen, der sich zur psychischen Erleichterung befüllen lässt! Und zwar mit den Tränen der

Verzweiflung, aber auch der Rührung. Zur Einweihung des *„Fontana die Träni"*, welcher vermutlich auf einem seit Jahren leer stehenden Gelände am ehemaligen Gaswerk liegt, soll angeblich ∗Uli Hoeneß eingeladen worden sein, der auch als Schirmherr vorgesehen ist.

(*In „Gedenken" an die Tränen, die er bei seiner Gerichtsverhandlung vergossen hat)

Werbung:

Nicht nur in Rundfunk und TV scheint es immer mehr Werbung zu geben. Nein, auch aus unseren Briefkästen quillt die Masse heraus, die so vielen ein Dorn im Auge ist. Dabei haben gerade die gedruckten Ausgaben sehr viele Vorteile. 1. Man braucht keinen Internetanschluss, um sie entschlüsseln zu können. 2. In aller Ruhe lassen sich die günstigsten Routen von einem Angebots-Discounter zum nächsten berechnen. 3. Briefträger ersparen sich die Mitgliedschaft in einem Fitness-Center. 4. Besonders geschickte Rechner sparen durch eine raffinierte Kalkulation so viel ein, dass sie einen Werbeflut-Aussortier-Manager in Vollzeit einstellen können. Weniger geschickte Rechner könnten es zumindest zu einem auf Mini-Job-Basis bringen. 5. Mit den nicht mehr aktuellen Prospekten kann man notfalls auch noch ein Kaminfeuer entfachen, was mit einem sogenannten „App" (derzeit noch) nicht möglich ist.

Reisefreuden:

Wie uns der Tourismus-Verband Oberbayern-Nord-Ost-Süd-West mitteilen ließ, hat sich der Monat November schon jetzt, nach erster Halbzeit, zu einem der beliebtesten Reisemonate in den Alpen gemausert. Gerade an den nebeligen Tagen nutzten viele die Chance, mal eben nach oben auf die Berge zu gehen und ganz erhaben über die Nebelschwaden hinwegsehen zu können. Ein großer Zuwachs an Reiselustigen, welche die Berge eigentlich gar nicht mögen (so etwas soll es auch geben), trotzdem aber dort gewesen sein wollen, nur um mitreden zu können, sei ebenfalls erwähnt. Für sie waren die Bedingungen – zumindest zeitweise, nämlich wenn sie von den Bergen gar nichts sehen konnten – ebenfalls ideal.

Selbsthilfeaktion: (27. November 2013)
Verkaufsoffene Sonntage sind bei der Bevölkerung überaus beliebt und finden deshalb immer häufiger und in vielen Gemeinden gleichzeitig statt. Das hat Folgen, denn eigentlich sollten an diesen Tagen nicht nur diejenigen zum Shoppen gehen können, die unter der Woche sowieso Zeit dazu haben, sondern eben auch die Beschäftigten im Einzelhandel, die sonst nicht dazu kommen, weil sie ja arbeiten müssen. Doch unter diesen Umständen wird ihnen das kaum noch möglich sein. Die Gewerkschaft „Wer-Die" plädiert deshalb für eine gerechtere Umverteilung dieser Sonderverkaufstage.

Freestyle:
Während auf kommunaler Ebene bei einer bestimmten Partei noch HÄNDERINGEND um neue Mitglieder GEKÄMPFT wird, besteht auf Bundesebene für sie die Gefahr, durch die vielen NeuEINTRITTE K.O. zu gehen.

Unerschrocken: Nachdem es Sebastian Vettel seit dem vergangenen Wochenende gelungen ist, so ziemlich alle schlagbaren Rekorde, die es im Motorsport gibt, zu brechen, sucht er schon jetzt nach einer neuen und vor allem spannenderen Herausforderung. Dass er ein Mann der Tat ist und nach Abenteuern zu gieren scheint, beweist sein Vorhaben, sich angeblich bei „Schlag den Raab" zu bewerben.

Preisverdächtig: (04. Dezember 2013)
Der Innovationspreis für *herausragende Überlegungen* geht in diesem Jahr an die *Bestimmer*, welche vor langer Zeit, in weiser Voraussicht ob der klimatischen Begebenheiten, einfach so mal eben festgelegt haben, dass es Plätzchen, Stollen, gebratene Gänse, Enten und Äpfel gefälligst auf Weihnachten hin zu geben hat und nicht im Hochsommer.
Für das Gegenstück, also den Preis für *unüberlegte Handlungen* (!) wurde dementsprechend – wen wundert es – Sepp Blatter von der FIFA vorgemerkt.
(In Anlehnung auf die äußerst umstrittene Vergabe der nächsten Fußball-WM in Katar)

Nicht ganz ....

Eine Abordnung von Spezialisten hat untersucht, wie es dazu kommen konnte, dass es nur wenige Monate nach der Eröffnung vom „Haus der Berge" in Berchtesgaden schon wieder hereinregnen konnte. Es habe an den verbauten Bauelementen gelegen, die zwar derzeit recht in Mode sein sollen, jedoch an sich die Eigenschaft haben, dass sie schon im Neuzustand nicht nur rostig aussehen.

Werbung! Gewieft:
Welche Hausfrau, welcher Weihnachtsbäcker kennt das nicht? Da hat man mit viel Liebe und Geduld gefühlte 2 Tonnen Plätzchenteig in mühsamer Kleinstarbeit ausgerollt, ausgestochen, gebacken, verziert und verschönt und es liegt noch immer ein 2-Kilo-Packerl Teig zur Verarbeitung im Kühlschrank. Dabei

glühen jetzt nicht nur der Ofen und die Bleche, sondern auch die Wangen. Abhilfe für solche Fälle schaffen jetzt die *Ausstecher* in Übergröße. Haushaltsübliche „Springförmchen", erhältlich in den Größen mit Durchmesser 28 und 32 cm. Sie werden sehen – im Nu ist der Teig verarbeitet und der oder die Bäckermeister/in kann sich einen wohlverdienten Besuch auf einem der vielen und schönen Weihnachtsmärkte gestatten.

Geheimwaffen:
Gerade in der kalten Jahreszeit kommen manchmal Dinge ans spärliche Licht, die man einfach nicht glauben möchte. So sollen jetzt einige Damen bei der Ausübung ihres Wintersports disqualifiziert worden sein, weil man an ihrem Outfit unerlaubte *Laufmaschen* entdeckte. Diese Art von Doping ist zwar schon uralt - doch konnte erst vor Kurzem festgestellt werden, dass die mikroskopisch kleinen Rillen, den Gegenwind derart reduzieren, dass eine Vorteilnahme bei Wettbewerben nicht ausgeschlossen werden kann. Je mehr davon vorhanden, desto (wind) schlüpfriger!

Gesundheit:

Die Krankenkassen schlagen Alarm wegen der überdimensionierten und inflationär vorkommenden Adventskalender. In manchen Haushalten sollen sich mittlerweile mehr als 5 Exemplare befinden, die mit Schokolade gefüllt sind. Pro Person!!! Um den daraus unweigerlich folgenden gesundheitlichen Beeinträchtigungen entgegen zu wirken, haben die großen Gesundheits-Kassen ein Gegenstück auf den Markt gebracht. In diesem steckt hinter jedem Türchen ein Rezept für ein besonders gesundes Essen und eine Anleitung für eine gymnastische Übung.

Brüsseler Spitzen:
Angeblich wird in EU-Kommissionskreisen über eine Zwangstabaksteuer für ALLE nachgedacht. Mit der Begründung, dass auch Nichtraucher durch mögliches Passivrauchen in den Genuss oder den Verdruss kommen, der eigentlich lediglich den zahlenden Tabakkonsumenten zustünde. „Es kann nicht angehen," so ein Sprecher, „dass nur die Käufer der Tabakwaren zur Kasse gebeten werden, obwohl alle anderen genauso am Rauchen teilhaben können." In welcher Höhe diese Zwangsabgabe festgesetzt werden soll, darüber gibt es derzeit noch keine genaueren Informationen. Nur so viel ist klar: Für ihre minderjährigen Kinder haften und zahlen natürlich die Eltern.

Politikverdrossen:
Wie eine Meinungsumfrage unter den Bürgern in der BRD ergeben hat, unterliegt die Anzahl derer, die in keine Partei eintreten möchten, bei Weitem diejenigen, welche zu gerne einmal in eine Partei hinein treten wollen.

Spitzen: (11. Dezember 2013)

Der Vorschlag Diebe für Ihre Vergehen zu bestrafen, indem man ihnen den Führerschein für eine gewisse Zeit nimmt, hat mal wieder Kritiker auf den Plan gerufen. Allerdings nur insofern, dass ihnen die Strafe nicht weit genug gehe, da man vielen einen solchen nicht wegnehmen könnte, weil sie gar keinen (mehr) hätten. Sie fordern parallel dazu, die Beschlagnahmung der im Besitz der Delinquenten befindlichen fahrbaren Untersätze und die Überprüfung, ob sich diese überhaupt rechtmäßig in deren Besitz befinden. Vorsichtshalber.

Auswirkungen:
Die immer knapper werdenden Parkplätze in den In-
nenstädten und die daraus resultierende Parkplatzknappheit haben viele dazu bewegt, ihr Kfz einfach
abzuschaffen und auf die öffentlichen Beförderungs-
mittel zurückzugreifen. Weil man so jedoch keine
größeren Geschenke mit nach Hause nehmen kann,
fallen auch diese künftig immer kleiner aus. So klein,
dass sie in jede Hand- oder Manteltasche passen.
„Gutschein" heißt das Zauberwort. Zauberhaft schon
deshalb, weil es diese sowohl für klitzekleine Geschenke wie zum Beispiel Schmuckstücke gibt, als
auch für sehr große, wie einem schicken neuen Au-
tomobil. Nur fragt sich so manch einer in letzterem
Fall wieder: wohin damit?

Raubritter:
Der Gartenbauverein rät: Blutige Hände, die man sich beim
Abreißen der jetzt um diese Jahreszeit so seltenen, und von
daher äußerst reizvollen Rosen aus fremden Gärten erworben
hat, lassen sich ganz einfach vermeiden, indem man stets eine
Rosenschere bei sich trägt und diese benutzt. Allerdings sollte
man sich dann nicht (noch einmal!) dabei erwischen lassen,
denn sonst könnte es Verletzungen ganz anderer Art geben.

Objektgestaltung:
Wie uns zu Ohren kam, soll sich am vergangenen Sonntag in
Bad Reichenhall ein dramatisches Schauspiel ereignet haben.
Um Kosten zu sparen, versuchte eine Mitarbeiterin eines
Kleinstbetriebes die Tintenpatrone ihres Druckers mal wieder

selbst aufzufüllen. Dabei löste sich unter dem von ihr ausgeübten Druck die Spritzennadel vom Spritzenkorpus und die schwarze Flüssigkeit verteilte sich explosionsartig auf die ganze umliegende Umgebung. Lediglich durch das Vorhandensein der 4 Wände konnte eine weitere Ausbreitung verhindert werden. Die Tatsache, dass es sich bei der Tinte um eine schlechte Qualität handelte, kam ihr im Nachhinein jedoch zugute, denn schon nach wenigen Tagen sahen die ehemals schwarzen Flecken auf ihrem Gesicht und dem Hals nur noch aus wie Pigmentstörungen.

Alternativen I: (18. Dezember 2013)

Von welchen Maßen die Menschen vor allem im Berufsverkehr wirklich träumen, hat jetzt eine Umfrage ergeben. Nicht mehr 90-60-90 ist gefragt, sondern, und das sogar gerade von den Frauen (!): 3,85-1,70-1,42. In Metern entspricht diese Formel in etwa den Maßen eines Golf I oder eines anderen Kfz aus früheren Zeiten, für die es auch heute noch genügend passende Parkplätze und Garagen gibt.

Alternativen II: Dass Ursula von der Leyen zur neuen, respektive zur ersten Verteidigungsministerin Deutschlands ernannt wurde, war doch für jedermann, der über etwas mehr Weitblick verfügt, abzusehen. Zum einen hat sie als Familienoberhaupt einer 9-köpfigen Familie genügend Erfahrung in Sachen Verteidigung, zum anderen kann sie es, dank der ihr als Frau natürlich zur Verfügung stehenden Waffen, ganz locker mit jedem Kriegskameraden aufnehmen. Sie redet einfach alle Gegner unter den Verhandlungstisch.

Hilfreich:
Die Idee, Paketsendungen mit Drohnen zu verschicken ist im Grunde zwar gut gemeint, doch in Anbetracht der Luftknappheit, vor allem in der Nähe von Flughäfen, einfach nicht durchsetzbar. Stattdessen möchten sich jetzt viele Gemeinden, die sich Unterführungen und/oder Brücken über stark befahrende Straßen nicht leisten können, genau dies zunutze machen. Fußgänger könnten so nämlich von der einen Seite auf die andere gebracht werden, ohne sich und andere dabei zu gefährden. Hierzu müsste lediglich die Tragfähigkeit der Drohnen erhöht werden.

Abgewartet: Wissenschaftler der Uni Trier haben herausgefunden, dass die Menschen inzwischen wieder nach gegenseitiger Nähe gieren. Nur so seien die zunehmenden Staus auf Autobahnen, an Bahnhöfen und Flughäfen, vor Glühwein- und Bratwurstständen zu erklären.

Geschenketrend I: (24. Dezember 2013)
Als nicht direkt überraschend, dafür aber als besonders nachhaltig im Gedächtnis der Bundesbürger haften bleibend, dürften sich in diesem Jahr die Produkte aus der *„Groko-Serie"* herausstellen. Wie uns das Wirtschaftsministerium auf Nachfrage mitteilen ließ, seien diese jedoch bis auf Weiteres vom Umtausch leider ausgeschlossen.

Geschenketrend II:
Dass Putin viele seiner Inhaftierten so kurz vor Weihnachten begnadigen und freilassen möchte, hat vor allem in den westlichen Staaten für allerhand Aufregung gesorgt. Einige sind der Meinung, dass eine Begnadigung so kurz vor Weihnachten

ziemlich gnadenlos sei, weil die Freigelassenen jetzt so unter Zeitdruck stünden, noch rechtzeitig Geschenke zu besorgen. Die Beschwichtigung kam jedoch prompt. In Russland findet das Weihnachtsfest erst im Januar statt.

Geschenketrend III:

Irgendwo in Bayern soll es kurz vor Weihnachten zu folgendem Vorfall gekommen sein. Ein Kind im Vorschulalter (!) wurde gefragt, was es sich zu Weihnachten vom Christkind wünsche, was ja jetzt nicht sehr ungewöhnlich ist. Die Antwort hatte es jedoch durchaus in sich. Es wünschte sich einen Blumenstrauß für das Christuskind, weil dieses ja Geburtstag hat und Geburtstagskindern schenke man schließlich Blumen.

Sonderservice:
Der Umstand, dass gerade im Weihnachtsgeschäft bei einem großen Online-Händler gestreikt wurde, hat dazu geführt, dass die Straßen weitestgehend von Lieferautos frei geblieben sind und die Verbraucher ihre Geschenke ganz bequem und direkt beim Einzelhändler vor Ort in Augenschein nehmen und einkaufen konnten, ohne über Gebühr in irgendwelchen Staus stehen zu müssen. Auch Parkmöglichkeiten seien durch oben genannten Umstand mehr als genug vorhanden gewesen.

Glücksfall: (02. Januar 2014)
Das für die Weihnachtszeit nicht gerade ungewöhnliche Wetter mit vielerorts nasskalten Bedingungen setzte über die

Feiertage zwar so manchen außer Gefecht. Erkältungserscheinungen, aber auch Probleme mit dem Rücken waren ausschlaggebend. Glücklicherweise hatte es nicht geschneit, sodass den gesünderen Angehörigen zumindest das Schneeschippen erspart geblieben ist.

Gut gemeint:
... hatte es ein anonymer Schenker, der einer Familie ein 4-Wochen Abonnement von „DIE ZEIT" vor die Haustür legte. Durch die Tatsache, dass „es" von Unbekannten gestohlen wurde, verblieb der Familie unter dem Strich jedoch mehr von „ihr". Sie sparten sich „die Zeit", die sie zum Lesen gebraucht hätten.

Unheilwarnungen:
Nachdem große Fast-Food-Ketten ihre Mitarbeiter vor zu fettem und ungesundem Essen gewarnt haben, wollen nun auch Banker und Ärzte nachziehen und lassen Betriebsmitteilungen an das Personal verteilen. Angeblich wird in diesen vor faulen Krediten und überhöhten Zinsen bzw. vor kostenintensiven und unwirksamen Heilmethoden gewarnt.

Durchzählen: Während in der Weihnachtszeit im TV viele Geister gerufen werden, wollen wir hier im Alpenvorland möglichst viele loswerden. Dazu scheinen Kramperl- und Buttenmanderl-Läufe sowie Böllerschützen mit entsprechenden Böllern und Silvesterraketen notwendig. Allerdings stellt sich bei diesen, mittlerweile inflationären Event-Angeboten die Frage, ob es denn überhaupt noch so viele böse (!) Geister gibt? Beziehungsweise – ob man sie mit weniger Krach nicht einfach nur besänftigen könnte?

Gute Vorsätze I: (08. Januar 2014)
Umfragen haben ergeben, dass sich viele Frauen für 2014 vorgenommen haben, den Erwerb von neuen Schuhen einschränken zu wollen. Die Männerwelt freute sich jedoch zu früh, denn ein nicht wirklich unerheblicher Bestandteil der Antwort, welcher vorsichtshalber nicht an die große Glocke gehängt wurde, war der, dass sie sich mit 12 Paar durchaus zufriedengeben würden, wenn sie zu jedem Paar die passende Handtasche fänden.

Gute Vorsätze II:
Viele Bundesbürger haben aufgrund ihrer immer knapper werdender Zeit ihre Pläne, die sie 2014 umsetzen wollten, auf 2015 oder eines der nächsten Jahre verlegt. Zunächst einmal.

Gute Vorsätze III:
Viele, die sich zum neuen Jahr eigentlich gar nichts vorgenommen hatten, haben ihre Meinung gleich zu Beginn des Neuen Jahres geändert.
Ihnen gefiel der klare nächtliche Sternenhimmel in der Silvesternacht nämlich so gut, dass sie sich vorgenommen haben, zum nächsten Jahreswechsel auf Raketen verzichten zu wollen.

Gute Vorsätze IV:
Durch die Tatsache, dass viele gute Vorsätze vorsätzlich wieder verworfen werden, gibt es jetzt die ultimative Vorsatzliste für unkonventionelle Vorhaben, die es einzuhalten lohnt.
Angeführt wird diese von Platz Nr. 3 mit dem Rauchen anfangen zu wollen, und zwar aus Protest gegen das Rauchverbot.
Platz Nr. 2 die Strompreisentwicklung vor allem während der Fußball-WM-Zeit ganz fest im Auge zu behalten und Platz Nr. 1 sich gar keine Vorsätze mehr vorzunehmen, da sie sowieso nur versteuert würden.

Sehschwäche:
Wie erst jetzt bekannt wurde, wollte sich ein großer Deutscher Brillenhersteller eigentlich schon längst im Internet etabliert und auch an der Börse durchstartet haben. Schwierigkeiten, so heißt es, hätte es jedoch dahin gehend gegeben, dass ihm Steine in den Weg gelegt wurden, die er schlichtweg übersehen (!) hatte.

Kompetenzgerangel: Man könne es noch nicht mit hundertprozentiger Sicherheit sagen, doch deuten einige Forschungsergebnisse nun darauf hin, dass sich Wissenschaftler in Bezug auf die Schlauheit von Delfinen geirrt hätten. Man glaubt jetzt, dass sie nun doch nicht so schlau wären, wie zuvor behauptet wurde. Mit „... *doch nicht so schlau*" meinen die Wissenschaftler die Delfine, obwohl diese das von sich noch niemals selbst behauptet haben!

Soli:
Angela Merkel hat sich nach ihrem Skiunfall in die gleiche Klinik verlegen lassen, in der sich auch Michael Schumacher befindet. Wie es aus Regierungskreisen heißt, wolle sie auf diese Weise ihren Solidaritätsbeitrag leisten.

Süß: Man weiß es noch nicht ganz genau, ob jetzt die hohen Preise für Süßwaren, das steigende Gesundheitsbewusstsein der Bundesbürger, der milde Winter oder die Übersättigung der Bürger mit Süßem im Allgemeinen, daran schuld sind. Tatsache ist (laut eines unabhängigen Untersuchungsausschusses), dass so viele Schokoladennikoläuse und Co in den Verkaufsregalen übrig geblieben sind wie noch nie.

Aus der Gerücheküche:

Ob die Rinde des Käses aus dem Selbstbedienungsregal verzehrbar ist oder nicht, hat man als Verbraucher bisher nur mit gutem Licht, wahlweise auch mit sehr guten Augen, im Kleingedruckten auf der Packung erkennen können. Nun soll sich angeblich die EU um dieses leidige Problem kümmern. Sie möchte festlegen, dass Käse grundsätzlich nur noch ohne ungenießbaren Rand abgepackt werden darf.

Helfersyndrom I: (15. Januar 2014)

In Deutschland lässt der Winter weiter auf sich warten. Das stört zwar nicht alle, aber Wintersportbegeisterte schon. Dass ausgerechnet aus Kolumbien Hilfe kommen sollte, störte jetzt wieder einige. Der versehentlich nach Berlin gelieferte „Schnee" wurde doch *glatt* beschlagnahmt. Jetzt wird spekuliert, was mit dieser Lieferung passieren soll. Lässt man sie dahinschmelzen oder wird sie eingefroren? Unterdessen zerbrechen sich andernorts einige die Köpfe darüber, was sie mit den vielen Bananen anfangen sollen, die sich plötzlich in ihrem Besitz befinden.

Ein Tipp hierfür kam im Zuge dieser Länder überschreitenden Hilfsmaßnahmen prompt aus Deutschland.

Die Ernährungsberaterin einer großen deutschen Gesundheitskasse empfiehlt schlichtweg den Verzehr dieser Früchte. Diese enthalten nämlich ganz viel Magnesium und man könne somit die Sache völlig entkrampft angehen.

Helfersyndrom II:
Dass die Zugehörigkeit zur Bundeswehr kein Zuckerschlecken bedeutet, liegt in der Natur der Sache. Was für Ursula von der Leyen jedoch überhaupt kein Grund ist, dies nicht ändern zu wollen. Sie möchte sich mit aller Macht dafür einsetzen, dass die Bundeswehr zu einem familienfreundlichen Unternehmen wird. Der angeblich erste Einsatz unter dem Motto *Familienhilfe* lautet: Sobald die Beseitigung der Giftgaswaffen von Syrien abgeschlossen ist, soll eine Brigade, vorzugsweise und aus *naheliegenden* Gründen, die Bad Reichenhaller Gebirgsjäger, ins 5 km entfernte Piding entsendet werden, wo sie einer Familie bei der Demontage eines *gefährlichen* Baumhauses behilflich sein wird.

Outing I:
Til Schweiger hat sich in einer Talkshow geoutet. Er hat das Abitur! Mit dem Notendurchschnitt von 1,7 hätte er damals auch Arzt werden können, doch habe er sich seinen Fähigkeiten angepasst und ist Schauspieler geworden. Völlig unverständlich, und nun stellt sich für so manchen natürlich die Frage, wie er seinerzeit durch die mündliche Prüfung gekommen ist. Vermutlich wollte sich das Prüfungskomitee nicht als schwerhörig outen.

Outing II:
Evi Sachenbacher-Stehle gab nach ihrem Debakel beim letzten Rennen zu Protokoll, dass ihr die Fehler womöglich deshalb passieren konnten, weil sie ihren Vater irgendwo vermutete, der ihr mit seiner persönlichen Anwesenheit kein Glück bringen würde. Mit anderen Worten: Sie litt während des Rennens unter Verfolgungswahn. Und das, obwohl sie es eigentlich gewöhnt sein müsste. Schließlich handelt es sich bei Biathlon um einen Verfolgungswettkampf!

Mogelpackung I: (22. Januar 2014)

Die gute Nachricht zuerst. Die Meldung, dass große deutsche Brauereien die vom Kartellamt auferlegte Geldstrafe in Millionenhöhe, bezüglich ihrer illegalen Preisabsprachen, welche zu einer Erhöhung des Bierpreises führten, nun auf die Verbraucher, sprich die Biertrinker, wiederum weitergeben wollen, indem sie nochmals die Bierpreise erhöhen, lässt sich leichter ertragen, wenn man sie mithilfe eines Gläschens Sekt zur Kenntnis nimmt.

Mogelpackung II:

In einem spektakulären Selbstversuch gelang es einer Probandin* herauszufinden, ob und inwieweit das neue SEPA-Überweisungssystem funktioniert und ob es hält, was es verspricht. Das Ergebnis konnte sich sehen lassen. Der Überweisungsbetrag war tatsächlich bereits am nächsten Tag auf dem Konto des Empfängers gutgeschrieben. Dies ist jetzt wohl auch der Grund, weshalb es nochmals einen Aufschub gibt, bis dieses System endgültig eingeführt wird. Eine von den Banken geforderte Alternative, diesen für sie nachteiligen Aspekt zu neutralisieren, läuft versuchsweise bereits parallel: Daueraufträge werden einige Tage vor der Fälligkeit ab- und erst zum Stichtag gutgeschrieben.
*Name der Redaktion hinreichend bekannt

Mogelpackung III:

Nicht wenige FC-Bayern-Fans erlitten am vergangenen Wochenende einen regelrechten Schock, als ihr Club völlig unvermittelt und überraschend, ausgerechnet gegen eine österreichische Mannschaft verloren hatte. Zumal sie das Verlieren halt so gar nicht mehr gewohnt waren. *Beflügelt* von der derzeitigen Gangart, Zahlen, Fakten und Erkenntnisse prinzipiell infrage zu stellen (siehe auch Buchtitel und Klappentext), haben sie aus aktuellem Anlass den Ex-Kommunikationschef des ADAC in Verdacht, das Ergebnis nur „geschönt" zu haben.

Die gute Nachricht: (29. Januar 2014)

Der Tourismusverband Deutschland e.V. hat im Verlauf der „Grünen Woche" in Berlin einmal mehr darauf hinweisen müssen, dass alle Gäste, die sich in Unterkünften der BRD aufhalten, vor Straßenschlachten, die sich im Ausland abspielen, absolut sicher sind. Von einer Reisewarnung innerhalb Deutschlands könne also keinesfalls die Rede sein.

Verdacht:

Bezüglich der Spionageaffäre durch die USA, NSA und Co, gibt es leider immer noch keine Entwarnung. Im Gegenteil. Jetzt wurden außer Handys, PCs, Telefonanlagen und anderen *Küchengeräten* weitere haushaltsübliche Utensilien als spionagetauglich enttarnt. Glasfaserleuchten im Wohnzimmer der Oma und sogar Bommelmützen (!) seien außerordentlich gut dazu geeignet, die nähere Umgebung auszuforschen. Hierbei gilt: Je mehr offene Enden das Teil hat und je näher es sich am Denkzentrum des Menschen befindet, desto genauer werden die Informationen weitergegeben. Um welche Art von Informationen es sich hierbei handelt und vor allem zu welchem Zweck diese gut sein könnten, ist jedoch, wie so vieles, noch völlig unklar.

Änderung!

Aufgrund der digitalen Weitervermittlung von Nörgeldateien der TV-sehenden Bevölkerung in Internet-Foren (was zu Gottschalks oder gar Lipperts Zeiten noch nicht möglich war!) hinsichtlich einer gewünschten Personal- und Sendungs-Format-Änderung, haben sich die Verantwortlichen an einen Tisch gesetzt und sind zu folgendem Entschluss gekommen: Die Sendung „Wetten dass …?" wird in den Dschungel auf RTL II verlegt, wo man dem Zuschauer mit Hilfe von aussortierten Stars das Ungeziefer vom Leib hält, indem man diesen als Mutprobe die noch immer nicht gefundenen Superstars im Chor vorsingen lässt. Und im ZDF wird stattdessen nach dem *Supernörgler* der Republik gesucht. Das könnte aufgrund der unzähligen Interessenten spannend aber auch sehr langwierig werden. Da braucht es einen Moderator oder eine Moderatorin, der/die sich durchsetzen und notfalls auch mal für Sprachlosigkeit sorgen kann.

Gut oder nicht:

Eine Gruppe unerschrockener Reiselustiger machte sich kurz nach der Jahreswende auf, um herauszufinden, ob und inwieweit das Unternehmen „Pfunde purzeln lassen nach Weihnachten" mithilfe einer Kreuzfahrt auf einem Luxusliner überhaupt möglich ist. Das nicht sehr überraschende Ergebnis: Je mehr Mahlzeiten angeboten werden, desto eher kann man dieses Vorhaben „über Bord werfen".

Merkfähigkeit:

Wissenschaftler der Uni Würzburg haben festgestellt, dass die Merkfähigkeit der Menschen mit zunehmendem Alter vor allem dann nachlässt, wenn die Datenmenge, der zu verarbeitenden Informationen vor allem in kurzer Zeit erheblich zunimmt. Also kein Grund zur Besorgnis. Als hilfreich könnte sich hierbei ein einfacher Trick erweisen: Namen von aktuellen MinisterInnen sind nicht zwangsläufig (be-) merkenswert und können, ähnlich wie die Geschäftszeiten von Baumärkten in ländlichen Gegenden, bei Bedarf telefonisch erfragt werden.

Verdacht!

Die Pläne uns von der Atomenergie loszusagen, respektive die hierfür nötigen Alternativen in Schwung zu bringen, laufen aus dem Ruder. Standorte von Windkraftanlagen werden von der Bevölkerung abgelehnt oder die bereits vorhandenen nicht ans Netz angeschlossen. Dabei kommt es einem mittlerweile so vor, als würden uns diese Alternativen wie Windräder und Wasserkraftanlagen genau in den Gegenden vorgeschlagen, die sich damit einer Verschandelung oder der Inkompatibilität mit dem Gewässerschutz schuldig machen, mit dem Zweck, damit wir sie ablehnen, nur damit hinterher gesagt werden kann: „Ihr wolltet das ja alles nicht!"

Olympiareif:

Die sportlichen Aspekte, von wegen: Trainieren - Kämpfen - Siegen - sind längst nicht mehr ausschlaggebend für eine Teilnahme an diesem uralten Wettbewerb. Wissenschaftler der Uni Wien haben jetzt neue Erkenntnisse darüber, um was es bei einer Winterolympiade wirklich geht: Die Versiegelung von *Wildwuchsbeständen* und Freiflächen, die Vernichtung von überflüssigen Pharmaprodukten und die Ankurbelung des Fremdenverkehrs – zumindest für die Zeit, in der die Spiele stattfinden. Nur eines hat nichts an seiner Bedeutung verloren: Dabei sein IST alles!

Rätsel I: (05. Februar 2014)

Es wird uns vermutlich ein Rätsel bleiben, doch erste Anzeichen deuten darauf hin, dass ein Beitrag von einer Kollegin neulich, in dem sie bemängelte, dass es zu wenig tanzwütige Zeitgenossen gebe, dazu geführt hat, dass die Mehrheit der männlichen Inserenten bei ihren darauf folgenden Partnergesuchen, plötzlich „Tanzen" als ihr großes Hobby angaben. Die Aussicht auf einen Erfolg bei dieser Suche steigt somit um mindestens 80 Prozent! Das hat zumindest ein Expertinnen-Team am vergangenen Wochenende ausgerechnet. Selbstverständlich müssen die Angaben auf ihre Richtigkeit weiterhin überprüft und ausgetestet werden.

Rätsel II:

Die Pharmaindustrie und die Ärzteschaft fragen sich, woher es kommt, dass bei den unter Gier leidenden „Patienten", welche man mit „finanziellen Spritzen" behandelte, die Symptome mit der Zeit nur noch schlimmer wurden, während immer mehr Augen- und Ohrenzeugen von unglaublichen Ereignissen berichten, die sich vorwiegend in Fußgängerzonen abgespielt haben. So sollen Blinde, Taubstumme und Gehunfähige plötzlich ihre Gebrechen losgeworden sein, nachdem sie eine eher geringe Dosis dieser Hilfe erhalten hatten.

Zwischenmenschliches:

Eine Sonderkommission hat in einem unnützen Feldversuch über viele Monate hinweg, herausgefunden, dass verheiratete Personen häufiger Heiratsanträge bekommen als ledige,

178

verwitwete oder verlassene. Dieses Phänomen sei darauf zu-rückzuführen, dass die Wahrscheinlichkeit und die Hoffnung, dass der/die Angebetete ja doch "nein" sagen würde bei 90% liegt. Die restlichen 10% müssen dann wohl schauen, wie sie sich wieder, möglichst elegant aus der Affäre ziehen.

Lösung I:

Die von der EU geforderte und inzwischen weitest-gehend umgesetzte Forderung, in allen Räumlichkei-ten Rauchmelder zu installieren und Lkws beim Rückwärtsfahren mit einem akustischen Warnsignal auszustatten, hat für allerhand Unruhe in der Bevöl-kerung gesorgt. Weil für beide Gefahrenpotenziale derselbe Alarm-Ton verwendet wird und jetzt bei jedem rückwärtsfahrenden Lkw die Menschen wie von Sinnen durch ihre Häuser rennen, und nach dem anschlagenden Rauchmelder suchen. Um diese Zeit-verschwendung einzudämmen, sollen künftig unter-schiedliche Töne eingebaut werden, die sich dann auch gleich noch vom Tinnitus, unter dem die meis-ten Bewohner vor allem in Gebieten, wo viel gebaut wird, bereits leiden, unterscheiden lassen.

Lösung II:

Vermisste Personen, die nachweislich mit Piercings ausgestat-tet sind, werden jetzt mit der Hilfe von Metalldetektoren und Elektromagneten gesucht.

Hierbei gilt: Je mehr Piercings vorhanden, desto höher sind die Erfolgsaussichten.

Rätselhaft:
Die Jugendlichen werden immer radikaler. Nachdem sie sich in der Vergangenheit mit Wodka und anderem Billigfusel komatös gesoffen haben, folgen sie jetzt einem neuen Trend. Sie sind auf teures Bier umgestiegen, bei dessen Konsum sie fotografiert werden, und stellen das Beweisfoto für jeden, den es interessieren sollte, sichtbar ins öffentliche Netz. Die Befürchtungen gehen nun dahin, dass sie künftig noch wertvollere Lebensmittel wie z. B. Milch auf diese verschwenderische Art und Weise vernichten werden. Wo soll das noch hinführen?

Narrisch! .
Die Katholiken erwägen ein Verbot von Bonbons in Betracht zu ziehen, die kurz vor Aschermittwoch auf verschwenderische Art und Weise unter die Leute gebracht werden. Vor allem Kinder seien von diesem zweifelhaften Brauch besonders betroffen und werden bei diesem Ritual nicht nur überdurchschnittlich oft mit diesen Wurfgeschossen am Kopf getroffen, sie sehen sich auch (nicht zuletzt aufgrund ihres Glaubens) dazu genötigt, die Bonbons noch am selben Tag verzehren zu müssen, weil es ihnen danach (offiziell) nicht mehr erlaubt ist. Dies kann zu vermehrten Bauch- und Zahnschmerzen führen. Die empfohlene Alternative, die Bonbons bis Ostern aufzuheben, wurde von einer EU-Kommission mit Hinweis darauf abgeschmettert, da auf den einzelnen Exemplaren kein einziger Aufdruck eines Mindesthaltbarkeitsdatums erkennbar sei. Auch die Forderung, die Bonbons einfach liegen zu lassen, stieß auf Widerstand - diesmal von der Umweltschutzorganisation Sweetpeace - weil, so heißt es, die Straßen zu sehr verpappt würden und eine groß angelegte Reinigungsaktion erforderlich wäre, die diese Sache mit Hilfe von Chemikalien wieder

in Ordnung brächte. Ein weiterer Ausweg aus diesem Dilemma könnte der Vorschlag eines katholischen Priesters sein, der seinen Schäflein geraten hat, sie sollten die Bonbons doch den hilfebedürftigen Kindern aus anderen Kulturen schenken, was jedoch sofort einen Aufschrei der Entrüstung nach sich zog, weil damit der Verdacht aufkommen könnte, dass man diese Kinder nur bekehren wolle. Faschingsvereine ziehen jetzt die Konsequenzen und denken darüber nach, ob sie ihre Faschingsumzüge aufgrund dieser Schwierigkeiten auf den 11.11. vor- oder nachverlegen werden, oder die Süßigkeiten einfach mit sinnvolleren Wurfgeschossen austauschen. Infrage kämen Äpfel aus biologischem Anbau, Karotten, Kartoffeln und so weiter. Allerdings wäre damit wiederum zu befürchten, dass zum Auffangen dieser Früchte ein besonders geeigneter Fangkorb erforderlich sein wird, damit nichts davon beschädigt wird. Es ist kompliziert und bleibt von daher spannend ...

Reifeprüfung:
Das Heimatmuseum in Bad Reichenhall als Ganzes wurde jetzt in die nationale Liste der museumsreifen Projekte in Deutschland mit der Begründung aufgenommen, dass die Bau- und Ausstattungszeit, sowie die hohen Kosten, in der Relation zu der zu bearbeitenden Fläche die Erwartungen schon längst übertroffen haben und somit bei Umfragen lediglich ein Stirnrunzeln bei den Befragten hervorrufen, die also gar nicht wissen, um was es sich bei diesem oder jenem Projekt überhaupt handelt. Lediglich die älteren Mitbürgerinnen und Mitbürger können sich noch schwach an jene Vorhaben entsinnen. Angeblich soll es sogar auf Platz 3 gleich nach dem Stuttgarter Bahnhof stehen, der lediglich vom Flughafen BER noch übertroffen wird.

Modetrends: (12. Februar 2014)

Der ADAC hat errechnet, dass die Unfallhäufigkeit von Verkehrsteilnehmern, die zu Fuß oder mit dem Fahrrad unterwegs sind, ganz gewaltig sinkt, wenn sie mit den Kostümen unserer Winter-Olympioniken, die sie bei der Eröffnungsfeier getragen haben, ausgestattet werden. Alice Schwarzer hat sich aus Liebe zu ihren Mitbürgern dazu bereit erklärt, diese Idee finanziell unterstützen zu wollen, indem sie eine neue Stiftung gründet. Modedesigner Willy Bogner wusste *bisher* von diesem Vorhaben jedoch noch (!) nichts.

Die gute Nachricht I:

Studenten der Uni Innsbruck haben in einer groß angelegten und langjährigen Studie herausgefunden, dass sich Berge durchaus versetzen lassen. Und das sogar leichter als ursprünglich angenommen. So könnte man zum Beispiel den Berg Arbeit, der vor einem auf dem Schreibtisch liegt, ganz einfach nehmen und ihn in ein Nebenzimmer (wahlweise auch in die blaue Tonne, sofern vertretbar) versetzen.

Die gute Nachricht II:

(Für die von Trockenheit geplagten Wüstenländer zum Beispiel)
Die Niederschlagswahrscheinlichkeit steigt proportional zu der Häufigkeit des Autowaschens und entspricht in etwa folgendem Verhältnis: ° Auto gerade gewaschen - Niederschlag trifft innerhalb der nächsten 24 Stunden mit einer Wahrscheinlichkeit von bis zu 98 % ein. ° Auto waschen schon 2 Tage her – Die Wahrscheinlichkeit, dass es noch regnet, bevor man im Wald

weg einem Rudel sudelnder Wildschweine* begegnet, liegt bei 50%. ° Auto waschen bereits mehr als eine Woche her - es wird zu 98% eine neue Autowäsche nötig sein, damit es überhaupt noch mal regnet.

*... steht auch für, durch tiefe Dreckpfützen und Schlaglöcher rasende zweibeinige ihrer Art.

Paradox: (19. Februar 2014)

Ein Untersuchungsausschuss hat im Auftrag der „Kranken Kasse" herausgefunden, dass sich bei so manchem aus ganz bestimmten Reihen die Erhöhung seines Diätenlevels ins Gegenteil verkehrt hat. Je höher sein Level gesetzt wurde, desto mehr nahm er zu, und das, obwohl so einiges an besonders schmackhaften Lebensmitteln auf der Strecke geblieben ist.

Fragwürdig:

Laut Bundesamt für Statistik hält die Anzahl derer, die in Deutschland mit dem Rauchen aufhören, die Waage mit denen, die damit anfangen. Dabei handelt es sich jedoch nicht um die nachwachsenden Jugendlichen, die ja bekanntermaßen immer weniger werden, sondern um die Angehörigen derer, die diesem Laster ein Ende bereitet hatten. Eine Umfrage bestätigte nun einen unglaublichen Verdacht:

Das *gereizte Gemüt* der „Abbrüchler" hatte sie dazu gebracht.

Das ist Politik, davon verstehen wir nix:
Die Stiftung Wahrheitstest hat untersucht, weshalb es in letz-
ter Zeit immer häufiger zu Rücktritten unserer Volksvertreter
kommt und so ganz nebenbei eine verblüffende Erkenntnis ge-
wonnen: Die meisten treten naturgemäß erst dann zurück,
wenn sie einen Schritt vor dem Abgrund stehen. Ausnahmen
bestätigen die Regel. Wie immer! Deshalb sei unbedingt er-
wähnt, dass diese Ausnahmen bereits im Vorfeld zurücktreten,
noch bevor der Abgrund überhaupt in Sichtweite kommt.
In den meisten Fällen auch noch mit der schwindligen Begrün-
dung, dass sie nicht „schwindelfrei" seien, meinen aber tat-
sächlich, dass sie nicht frei von Schwindel sind.

Missverständnis: Das Debakel mit der jungen Giraffe Marius von neulich hat sich als ein Versehen erwiesen! Wie jetzt bekannt wurde, hatte eigentlich mal wieder nur irgendwer gemeint gehört zu haben, dass ein Bankkunde sagte, er wäre sich sicher, dass auch der Schwippschwager vom Kollegen der Frau aus der ehemaligen Firma mit den Elektrizitätswerken den Wunsch äußerte, man sollte mal diese "*Gieraffen*" den Löwen zum Fraß vorwerfen - der Rest ist einigermaßen bekannt ...

Die gute Nachricht:
Das Auffinden von noch im Besitz befindlichen Schmerztabletten, deren Mindesthaltbarkeitsdatum kurz vor Ablauf steht, kann unter Umständen dazu führen, dass sie dem Besitzer doch noch von Nutzen sein können, indem er sich so lange Gedanken über deren fachgerechte Entsorgung macht, bis er schließlich Kopfschmerzen bekommt und die Entsorgung somit hinfällig wird.

Auswirkungen I: (26. Februar 2014)
Auf der Liste der unglaubwürdigsten Berufszweige und/oder Institutionen stand bisher die *Politik* an erster Stelle. Spätestens seit der letzten Olympiade jedoch, scheint, dank Doping, die Sportbranche rasant aufzuholen.

Auswirkungen II:
Angeblich soll der strenge Winter in den USA dafür verantwortlich sein, dass sich noch mehr, zumeist weibliche Personen, sogenannte „Schlauchbootlippen" angeschafft haben. Wie uns ein Mitarbeiter dieser Bootsbauer mitteilen ließ, verspricht sich dadurch jener Kundenstamm Vorteile bei einem drohenden Hochwasser, welches durch die Schneeschmelze entstehen könnte. Um Rückschlüsse auf die Haarfarbe ihrer Kundschaft zu vermeiden, seien diese angeblichen Aussagen weder protokolliert, noch anderweitig gespeichert worden.

Auswirkungen III:
Faschingsmuffel haben einen neuen Trend entwickelt, wie sie sich nicht nur vor Faschingsveranstaltungen drücken, sondern auch gleichzeitig ihrer Arbeitsstätte fernbleiben können. Sie behaupten, dass sie in diesem Jahr als Landrat von Miesbach „gingen" indem sie sich einfach krankschreiben lassen.

Auswirkungen IV:
Immer öfter kommt es nach dem sogenannten *„Unsinnigen Donnerstag"* zu Beschwerden, in denen sich ehemalige Krawattenträger über ein zunehmend aggressives Verhalten der Krawatten-Abschneiderinnen beklagen. Sie glauben, bei diesem Vorgang mehr gewürgt zu werden als früher. Ein Arbeitskreis von Psychologinnen hegt den Verdacht, dass dieses

185

Verhalten auf die zunehmende Antipathie von Berufsgruppen beruht, in denen man zum Tragen von Krawatten mehr oder weniger verpflichtet ist. Wegen schlechter Erfahrungen, die mit solchen Personen gemacht werden mussten (wie zum Beispiel eine falsche Finanzberatung), würden die Frauen damit nur ihren Unmut äußern. Die Beobachtungen werden natürlich fortgesetzt.

Paradox:

Die Stürme von Entrüstung scheinen nicht abreißen zu wollen. Jüngstes Beispiel: die Diätenerhöhung unserer Bundestagsabgeordneten. Doch jetzt scheinen unsere Politiker den Unmut der Bevölkerung irgendwie spüren zu können und um doch noch einigermaßen gut dazustehen, sind die aberwitzigsten Ideen in die Runde geworfen worden. Eine besonders erfolgversprechende wäre ja, dass sich die Gehälter der Abgeordneten nach deren Leistung orientieren sollten. Diese wurde jedoch sofort mehrheitlich abgelehnt, da man nicht wisse, von was man dann leben solle.

Passt: (05. März 2014)

Der Tag nach der Oscar-Verleihung soll aus gegebenem Anlass zum *Internationalen Tag der Danksagungen* gekürt werden. Begründung: Den Menschen fallen just hinterher so viele Gründe ein, einmal „Danke" zu sagen, dass sie hierzu auch offiziell die Gelegenheit bekommen sollten.

Passt nicht:

Obwohl vom Flughafen BER doch schon mehr Personen „geflogen" sind, als man uns zu sagen traute, weil es sich hierbei mal wieder „nur" um Vorstände handelte, soll er nun angeblich gar nicht in Betrieb genommen werden können. Unbeabsichtigt ausgeplaudert hat das ausgerechnet das närrische Prinzenpaar Eddi I. und Katharina I., die in den letzten Tagen in Berlin zwar das Sagen hatten, das ganze Drumherum jedoch nicht lauter als bis zu 70 Dezibel werden durfte. Zum Vergleich: Bei einem startenden Flugzeug werden 110 – 120 db gemessen.

Passt doch:

Unter Bezugnahme der verheerenden Nachrichten aus der ganzen Welt kommt für so manchen die nun begonnene Fastenzeit gerade recht. Viele Anhänger, die emotional empfindlich reagieren und sich mit Enthaltsamkeit generell leichter tun, haben sich dem K&K-Verzicht (Kaviar & Krimsekt) verschrieben. *Frustesser* hingegen tun sich diesbezüglich naturgemäß viel *schwerer.*

Passt nicht mehr:

Eine ausgesprochene Beschwerde im eigentlichen Sinn war das ja nicht, zumindest nicht gegenüber der Bäckerinnung. Wenn, dann schon eher eine verbale Spitze an die Textilindustrie – dass einige Leute meinen, die Krapfen mussten früher irgendwie viel kleiner gewesen sein. Oder aber die modernen Reißverschlüsse, Nähte und allgemein das Textil-Gewebe ist qualitativ wohl nicht mehr so gut wie früher.
So hat halt jeder seinen Glauben.

Wird passend gemacht:
Die EU soll (angeblich) gegen verwirrende Bezeichnungen von Arzneimitteln und Verunsicherungen vorgehen, die durch das Lesen der Inhaltsstoffe und Wirkungsweisen von Beipackzettel hervorgerufen werden. So heißt es in der Begründung, dass beispielsweise Hustensaft und Schnupfenspray ganz entgegen der Vermutung gut gegen Husten bzw. Schnupfen helfen würden, Antidepressiva jedoch Depressionen sogar hervorrufen können.

Wahlhilfe: (12. März 2014)
Die Kommunalwahlen stehen vor der Tür und so manchem Wahlberechtigten wird angesichts der vielen Kreuzl-Optionen angst und bange. Die Wahlhelfer sind jetzt angehalten, zusammen mit den Unterlagen auch Überlebenspakete austeilen. Diese beinhalten eine stärkende Brotzeit, Getränke und beruhigende Baldriantropfen sowie Schokoriegel und einen Taschenrechner. Letzterer soll ein Verrechnen bei der Vergabe der Stimmenanzahl verhindern. Es sei jedoch ausdrücklich darauf hingewiesen, dass es sich hierbei nicht um Geschenke einzelner Parteien handelt! Und falls es dieses Angebot in Ihrem Wahllokal noch nicht geben sollte – bei der nächsten Wahl dann ganz bestimmt. Großes Politiker-Ehrenwort!!!

Schrittmacher:
Bauunternehmer und *Stahlwerk Anna-Hütte*-Besitzer Max Aicher und seine Mitstreiter konnten am vergangenen Wochenende einen großen Triumph feiern. Die Wiedereröffnung des Bergrestaurants auf dem Predigtstuhl. Und weil der ganze Rahmen drumherum stimmte, einschließlich des herrlichen Wetters, das nicht besser hätte sein können, ging einfach allen vor Freude das Herz auf. Im Falle, dass es den Menschen gelänge,

diese Freude im Herzen speichern zu können, dann könnte er im Prinzip sein Projekt *„Pumpspeicherwerk"* ebenfalls als erfolgreich abgeschlossen ansehen. Irgendwie.

Erfindergeist:
Inspiriert von der Nachricht, dass in Bayern besonders viele Erfindungen patentiert worden sind, hat sich eine Autorin aus Bad Reichenhall zu einer neuen Geschichte eine kulinarische Untermalung einfallen lassen. Sie hat sich an einem selbst gemachten (aber noch geheimen) Kuchenrezept versucht. Ihren Angaben zufolge sei das Backexperiment durchaus positiv verlaufen.
Es soll ein Kuchen geworden sein.

Fremdscham:
Selbst als Satirikerin stößt man ab und zu an die Grenzen des Machbaren. Die Meldung, dass Hartmut Mehdorn seinen noch immer im Bau befindlichen Flughafen BER im Jahr 2015 endlich eröffnen möchte, ist so ein Fall. Es fällt einem einfach nichts Anständiges mehr dazu ein.

Umweltschutz I: (19. März 2014)
Um die hohe Feinstaubbelastung etwas einzudämmen, haben die Franzosen ein Fahrverbot für bestimmte Fahrzeuge eingeführt, das abwechselnd für die geraden oder ungeraden Schlussziffern ihrer Kennzeichen gelten soll. Und während Frankreich noch darüber grübelt, ob und wann diejenigen mit der Null am Ende fahren dürfen oder nicht, wird in Peking bereits darüber nachgedacht, ob künftig überhaupt nur noch diese am Verkehr teilnehmen sollen. Die sogenannten „Doppel-Nullen" lässt unterdessen auch dieses Thema völlig kalt – sie fahren und fliegen weiterhin in der Weltgeschichte herum, dass es grad so staubt.

Umweltschutz II: Die früher von den Schulen initiierten „Rama Dama-Aktionen" mausern sich erfreulicherweise zu Exportschlagern! Nachdem jetzt auch am Mount Everest der Müll, der von *Naturliebhabern* lieblos in die Natur gesteckt wurde, von den Nachfolgern aufgesammelt werden muss, möchte jetzt auch das Schiffs- und Seefahrtsamt derartige Maßnahmen ergreifen, damit der viele Plastikschutt in den Flüssen und Meeren wieder weniger wird. Präventiv wäre es auch möglich, den Müll gar nicht erst zu hinterlassen.

Umweltschutz III:

Zu einem absurden Vorfall kam es neulich kurz vor den Kommunalwahlen in einem bayerischen Bezirk, der nicht näher genannt werden möchte. Weil ein Parteimitglied der „Grünen" unter dem sogenannten Badezwang litt, was ja bekanntlich mit einem enormen Wasserverbrauch einhergeht, wurde er von seiner Partei ausgestoßen! Die ehemaligen Genossinnen und Genossen meinten, dieses Verhalten wäre nicht mit den Grundsätzen der Partei vereinbar. Zitat: „Der ist doch nicht ganz sauber." Woraufhin er sich erneut dazu genötigt fühlte, baden zu gehen.

Wahl-Nachlese:

Bayern hat gewählt. Allerdings gab es keine besonders nennenswerten Überraschungen. Selbst die Wahlbeteiligung folgte dem Trend der letzten Jahre und ließ wieder sehr zu wünschen übrig. So mancher bedauerte aber, dass er nicht, wie von den Parteien immer wieder gewünscht, „zahlreich erscheinen" konnte, da er nur eine einzige Einladung zur Wahl erhalten hatte. Seinen Verdruss versuchte er damit wettzumachen, indem er nach der Wahl alles gab und aus der Speisenkarte der örtlichen Wirtschaft nochmals wählte. Und zwar vielfach!

Sport:

Während Vettels Rennstall erfreulicherweise zu Methoden griff, die verloren gegangene Zuschauer wieder an die Bildschirme zurückbringen soll, indem sie die Wettkämpfe wieder spannender machten, gelang einem weltbekannten Fußball-Klub genau dies EBEN NICHT! Trotz einer groß angelegten Kampagne, die sogar mit der Inhaftierung des maßgeblich beteiligten Hauptakteurs endete. Der FC-Bayern hat doch wieder gewonnen und inzwischen werden die Spiele mit dessen Mitwirkung sogar von Ihrem Arzt UND Apotheker bei Einschlafstörungen empfohlen. Zu Risiken und Nebenwirkungen fragen Sie bitte Ihre Frau oder Partnerin, die unterdessen den TV-Kanal nach Lust und Laune wechseln kann.

Gezeiten: (26. März 2014)

Ilse Aigner wird es zeitlich vermutlich nicht mehr gelingen, ihr Vorhaben die Sommerzeit abzuschaffen, umzusetzen. Was vermutlich daran liegt, dass sie hierzu bald eine Stunde weniger zur Verfügung haben wird. Hoffnungsvolle erwarten jetzt, dass sie es dann wenigstens auf die Reihe bekommt, die Winterzeit abzuschaffen, damit *sie länger hell* bleibt.

Die Gute Wetternachricht:

Die diesjährige Zitronenernte aus den heimischen Gärten, von Balkonen und Terrassen, dürfte aufgrund des nochmaligen Schneefalls auf die bereits ausquartierten Exemplare besonders traditionell ausfallen. Ziemlich sauer!

Medienführerschein.
Seit der *Medienführerschein* vom Kultusministerium ins Lehrprogramm der Schulen aufgenommen wurde, sind erfreulicherweise spürbar weniger Differenzen zwischen Teenagern oder noch jüngeren Personen in den sozialen Netzwerken zu verzeichnen. Ein unbedingter Zusammenhang bestehe darin, dass in diesen Schulungen das richtige Verhalten, also die *Netikette* und der faire Umgang mit seinen Mitmenschen vermittelt werden.
Das Verkehrsministerium möchte nun nachziehen und einen Führerschein für den Straßenverkehr anbieten.
- Wie meinen Sie? Den gibt es schon? Ach was!

Magerwahn schon in die Wiege gelegt?

Wie ein Sprecher der Uniklinik Erlangen uns heute mitteilen ließ, soll ein junges Mädchen bereits 1 Minute nach der Geburt über seine Idealmaße verfügt haben. Dabei handelte es sich um eine an und für sich ganz normale Geburt, die es zu verkraften hatte. Auch die Schwangerschaft verlief absolut reibungslos und ohne Komplikationen oder Auffälligkeiten. Dennoch konnten sich Arzt, Hebamme und alle Geburtshelfer unmittelbar nach der Durchtrennung der Nabelschnur davon überzeugen, dass sich die Figur des jungen Mädchens als absolut ideal herausstellen sollte.
Auf einer Körperlänge von 51cm wurden 3,1 kg gemessen.

Alternativen:
Dass die Deutschen als zwar nörgelnde, durchaus aber auch als fleißige Nation bezeichnet werden, hat sich einmal mehr während des vorgezogenen Frühjahrs gezeigt. Durch die Tatsache, dass sie sich kaum über Rückenschmerzen beklagen konnten, die sie sich üblicherweise durch ständiges Schneeschippen ehrlich erworben hätten, nutzten sie die frühlingshaften Temperaturen dazu aus, ihre Gärten umzugraben und so doch noch zu ihrem Recht zu kommen.

Rückhalt:
Trotz der guten Konjunktur sind die Spareinlagen bzw. Rücklagen der Deutschen so hoch wie nie. Wie jetzt ein Forschungsteam der Uni Köln herausgefunden haben möchte, sollen die vielen unvollendeten Baustellen daran schuld sein, dass zwar Geld vorhanden ist, jedoch nicht anderweitig ausgegeben werden kann, da Baustellenbesitzer jederzeit damit rechnen müssen, dass sich doch noch irgendwann endlich ein Ende der Baumaßnahmen anbahnt und dann die vereinbarten Summen fällig werden.

Schmuh: (02. April 2014)
Das deutsche Finanzministerium ist ins Schleudern geraten. Es hat CDs zugespielt bekommen, auf denen ganz viele Bundesbürger namentlich erwähnt werden, die laut Arbeitsleistung so viele Steuern bezahlen müssten, dass selbst diese Behörde nicht mehr wüsste, wohin damit! Einziger Haken: Nur weil sie so fleißig waren und das Geld auch verdient hätten, heißt das noch lange nicht, dass sie es auch erhalten haben.

Schmäh:
Wellenglättung! Die Aufregung war mal wieder sehr groß, als FC-Bayern-Trainer Pep Guardiola die gewonnene Meisterschale symbolisch dem Ulli Hoeneß gewidmet hatte. Dabei wollte er damit doch nur sagen, dass auch Würschteln aus einem solchen Geschirr sicherlich besser schmecken als aus einem Blechnapf.

Zeitverstellung I:
Eine Gruppe findiger Bundesbürger hat sich bezüglich der unerwünschten Umstellung auf die Sommerzeit inzwischen selbst geholfen, indem sie die Umstellung bereits zwei Wochen früher vornahmen. So hatten Körper und Geist genau die 2 Wochen Zeit sich an die Umstellung zu gewöhnen, die sie laut Gesundheitsexperten dazu bräuchten.

Zeitverstellung II:
Zu den Gewinnern der Umstellung auf die Sommerzeit gehören vor allem die Kunden der Deutschen Bundesbahn. Sie können oftmals ihren bisher eingeschlagenen Zeitplan einfach beibehalten und brauchen nebenbei eine Stunde weniger auf ihren Zug zu warten.

Neuigkeiten-Ticker:
+++Tebartz van Elst hat von Papst Franziskus eine neue Aufgabe zugeteilt bekommen; er wird als Entwicklungshelfer nach Kalkutta geschickt. +++ die jetzt nicht mehr benötigten Braunkohleabbau-Gebiete werden in Freizeitparks mit Seen- und Höhlenlandschaften umgestaltet
+++ der FC-Bayern-München-Fanclub feiert schon mal die Meisterschaft 2015 vor +++

Der Unvollendete: (09. April 2014)

Obwohl der Flughafen BER noch nicht einmal in Betrieb genommen werden konnte, denken die Verantwortlichen schon jetzt über einen Neubau nach. Wie uns ein Sprecher auf der kurzfristig anberaumten Pressekonferenz mitteilte, sei dies vermutlich der einzige Weg einer weiteren Kostenexplosion auszuweichen, die durch eine Sanierung des bereits vorhandenen Komplexes entstehen würde. Allerdings müsse noch geprüft werden, ob man evtl. eine Mauer hiervon stehen lassen könnte, denn dann wäre es eine „Altbausanierung" und somit steuerlich absetzbar.

Erleichterung I:

Wissenschaftler der Uni Trier hatten die schwierige Aufgabe, den in der letzten Zeit über Deutschland niedergegangen Wüstenstaub auf seine Gefährlichkeit zu untersuchen. Sie konnten bereits Entwarnung geben, da weder Vogelgrippe-Viren noch Ebola-Erreger in ihm nachgewiesen wurden. Lediglich die Auswirkung, die er auf dem polierten Hochglanz-Lack von Automobilen haben könnte, nannten sie, ganz unwissenschaftlich ausgedrückt, „richtiggehend bescheuert".

Erleichterung II:

Die Lufthansapiloten können weiter streiken - ihre ehemaligen Passagiere haben sich inzwischen Alternativen gesucht und brauchen sie nicht mehr. Besonders leicht fiel es den Berlinern, auf die Bahn umzusteigen. Aus welchem Grund wurde zunächst nicht ersichtlich. Auffallend war nur, dass als Reiseziel „Stuttgart" in keinem einzigen Fall angegeben wurde.

Vorsichtshalber:
Enttäuschung machte sich breit, als der Antrag, die Stadt „Laufen" möge doch auf Autobahnhinweisschildern erwähnt werden, abgelehnt wurde. Die Begründungen für diese Entscheidung fielen zunächst relativ fadenscheinig aus. Doch als hinter verschlossener Tür der wahre Grund genannt wurde, nickten die Bürger doch noch einsichtig und zustimmend. Der Hinweis auf *Laufen* direkt an der Autobahn hätte vermutlich zu unglaublichen Szenarien geführt, da sich so mancher Ortsunwissende zu Tätigkeiten genötigt fühlen könnte, die gerade auf Autobahnen absolut verboten sind.

Ausreden:
Der Frühling bringt es an den Tag. Viele überwiegend weibliche Mitbürgerinnen wurden von den frühsommerlichen Temperaturen so überrascht, dass sie einfach keine Zeit hatten, ihren Körper für die Freiluftsaison auf Vordermann zu bringen. Dies rächt sich insofern, als dass die Kleidchen und Höschen vom vorigen Sommer, die damals eigentlich ganz gut passten, jetzt, bei der Anprobe zwicken und zwacken. SchlaumeierInnen haben natürlich sofort eine passende Ausrede parat; sie behaupten, unter einer Art von *„Stoffwechselstörung"* zu leiden.

Zwiespältig: (16. April 2014)
Das von Expräsident Georg W. Bush erstellte Porträt von Angela Merkel, wurde in Kunstkreisen mit gemischten Gefühlen betrachtet und mitunter auch kritisch aufgenommen. Angeblich hat Bush jedoch inzwischen sogar Angebote von diversen

Kunstschulen erhalten, die ihn für sich gewinnen wollen. Laut Ehefrau soll er gerade darüber nachdenken, welches Angebot sinnvoller für ihn wäre: das als Dozent oder das Stipendium als Kunststudent.

Sofortmaßnahme:

Weil erst jüngst wieder ein Chinese bei einer Verkehrskontrolle auf deutschen Straßen aktiven Widerstand gegen die Staatsgewalt geleistet hat, nur weil er die Beamten trotz Vorzeigens ihres Dienstausweises für Straßenräuber hielt, und sich derartige Vorkommnisse in letzter Zeit häufen, hat das Innenministerium schnell reagiert und eine Sofortmaßnahme beschlossen; die Beamten erhalten nun einen zweiten Ausweis, der den ersten zertifiziert und sie somit zweifelsfrei als Vertreter der Staatsgewalt, sowohl bei inländischen, als auch bei ausländischen Bürgern (an) erkennen lässt.

Glaube I: Das Problem mit den vielen Austritten von Ex-Mitgliedern des ADAC liegt den Vorstandsvorsitzenden schwer im Magen. Um die Glaubwürdigkeit des Vereins wieder herzustellen, wurde in ihren Kreisen darüber nachgedacht, den Herrn Mehdorn vom Flughafen BER abzuwerben und für ihre Zwecke zu verwenden. Leider sei dieser nun nicht mehr glaubwürdig genug, einen Automobilclub voranzubringen, nachdem er mit seinem Kfz gegen eine Wand gefahren ist. Es wird aber auch gemunkelt, ob er dadurch nicht einfach nur seine Meinung über den ADAC äußern wolle und wie reibungslos die Sache mit dem Abschlepp-Service des ADAC über die Bühne ging.

Glaube II: Laut Statistik des deutschen Bundesamtes für Meinungsumfragen soll jeder 5. Bundesbürger nicht wissen, was an Ostern eigentlich gefeiert wird. Diesen 20% stehen mehr als 75% gegenüber, die es sehr wohl wissen. Der Rest von knapp 5% sei noch auf der Suche nach dem Zweck der Umfrage – was ja auch wieder irgendwie einen Sinn ergibt.

Ostern – Die Nachlese: (23. April 2014)

Dass wir, also wir hier, die in einem vermeintlich wohlhabenden Industriestaat leben dürfen, uns an Ostern nicht mehr unbedingt auf die Suche nach Schokoladen- oder Zucker-Eiern begeben, weil es das ganze Jahr hindurch Zuckerzeug gibt, ist die eine Sache. Dass wir aber gerade über ein paar zusammenhängende Feiertage mit Überraschungen der unliebsamen Art beglückt werden, die andere aufgrund ihrer fehlenden finanziellen Mittel so gar nicht haben können, ist die andere. In einer kurzfristigen Blitzumfrage in den Ballungszentren gaben die Befragten, die dafür gerade mal Zeit hatten, an, in diesem Jahr eher nach Fehlern bei Verbindungsstörungen im Internet, Fehlermeldungen an und in ihren Kraftfahrzeugen, und Bedienfehlern bei vielen anderen technischen Geräten, zu suchen. Besonders beliebt ist in dieser Hinsicht, die Lösungen hierzu zu finden.

Fortschritt?

Der neueste technische Gimmick, ein Google Glass, also ein *verinternettetes* Brillengestell mit Hör- und Sprechfunktion (vorerst nur in den USA erhältlich), kann wirklich sehr hilfreich sein. Wo man geht und steht ist man immer auf dem Laufenden, und wenn man versehentlich irgendwo hineingetreten ist, weil man genau wegen diesem Teil nicht mehr auf den Weg geachtet hatte, dann kann man damit sofort im Internet suchen, sprich googeln, um *was* es sich handelt, in das man da hineingetreten ist. Und als Extra erfährt man auch noch, um welche Ecke sich der nächste Schuhladen befindet, in dem man sich jetzt mal ganz schnell und möglichst günstig, neue Schuhe kaufen kann. Und wer ganz besonders fleißig damit übt, der läuft auch nicht mehr mit dem Kopf gegen einen neuen Laternenpfahl, der von Google bis dahin noch nicht erfasst worden ist.

Glaube:
Viele Bundesbürger trauern jetzt der verloren gegangen Glaubwürdigkeit des ADAC hinterher. Galt der Club doch als Verfechter der Überzeugung, dass die bisher einbehaltenen Steuern und Abgaben, die durch das Halten eines Kraftfahrzeuges sowieso schon entrichtet werden müssen, ausreichen würden, um die bereits vorhandene Infrastruktur in Deutschland erhalten und neue Verkehrswege bauen zu können. Nun jedoch sind sie im Begriff, genau diesen Glauben zu verlieren, und tendieren eher dazu, zu glauben, dass sie keine Wahl mehr hätten zwischen Pest und Cholera. Doch so, wie es ausschaut bekommen sie eh beides. Da stellt sich doch mal wieder die Frage: Muss man denn wirklich ALLES haben?

Sport: Die Meldung, dass es in einigen Gebieten Brasiliens, in denen unsere deutsche Nationalelf die Fußball-WM-Spiele bestreiten soll, Hochwasser gegeben hat und sich viele Deutsche daran erinnern konnten, was das im vergangenen Jahr im eigenen Land für eine Mückenplage nach sich gezogen hat, inspirierte viele Geschädigte von damals spontan zu einer Spende der besonderen Art. Sie übergaben den Betreuern eine ganze Wagenladung mit Moskitonetzen. Allerdings ist noch nicht ganz klar, wie sich die Spieler mit den Netzen erfolgreich bewegen und womöglich auch noch gewinnen sollen.

Lösungen I: (30 April 2014)

Die Welternährungsstelle hat jetzt eine neue Idee, wie sie dem Hunger in der Welt entgegentreten könnte, ohne sich in allzu hohe Unkosten stürzen zu müssen, und die gleichzeitig auch noch den Elektronikmüllberg verringert. Sie verteilen bereits vorhandene Radios und Fernseher an alle, die über solche Geräte noch nicht verfügen, und lassen dadurch Weltnachrichten verbreiten. Erfahrungsgemäß reicht schon eine Mindermenge an Nahrung aus, um vielleicht nicht den Hunger, zumindest aber den Appetit stillen zu können.

Lösungen II:

Endlich ist es auch bei vermeintlich moderneren Eltern wieder beliebt, dem Nachwuchs Namen aus dem Register der Heiligen angedeihen zu lassen. Schon lange standen sie zwischen den Stühlen und haderten mit der zwanghaften Suche nach einem möglichst ausgefallenen Namen, um aufzufallen,oder solchen, die zwar richtig nett klingen, aber irgendwie „uncool" waren. Doch jetzt steigt die Nachfrage nach Schlabberlätzchen, Strampelhosen und vor allem Hinweisschilder für Autos, aus denen ganz klar hervorgeht, wie die Träger oder Insassen mit Vornamen heißen, mit den Aufschriften Johannes, Paul und Johannes Paul wieder rasant an. Es müssen sogar (jetzt überflüssige) Altbestände mit den Aufdrucken Justin und Kevin umgearbeitet werden. Trost für die Mädels, denen eine solche Gnade nicht beschert werden kann: Männliche Heiligennamen passen bei späterer Heirat durchaus auch zu einer Jacqueline oder einer Chantalle.

Boulevard:

Es könnte sich zwar auch um einen (für ihn) typischen Scherz handeln - die Meldung, dass sich George Clooney endlich verlobt hat - doch prompt stand die Damenwelt Kopf, obwohl dieses Gerücht lediglich auf der Tatsache beruht, dass seine derzeitige Partnerin mit einem dicken Ring am Finger gesehen wurde. Manche Mädels konnten daraufhin nur mithilfe einer emanzipierten Psychotherapeutin von ihrem Traumata loskommen. Auf die Frage, wie sie ihren Schützlingen helfen konnte, gab diese an, dass sie nur zu erwähnen brauchte, dass der gute alte Schorschi schon längst nicht mehr der Jüngste sei und mit der geplanten Hochzeit gerade noch die Kurve gekriegt hat, sich eine Pflegerin zu angeln. Ob die geplante Hochzeit auch tatsächlich stattfinden wird, darüber wird noch spekuliert, aber es werden auch schon Wetten angenommen. Die Quoten stehen im Moment 1:7, dass SIE einen Rückzieher macht.

(Anmerkung Der Red.: Aktueller Stand Ende September 2014; sie haben sich getraut. Beide. Gemeinsam.)

Einfachheit:

Das neue Punktesystem für Verkehrssünder macht so einigen zu schaffen. Doch im Prinzip ist es, im Gegensatz zu den Rechtschreibreformen oder den Energieeffizienzgesetzen für Hausbesitzer, die den Bürger auch dann belasten, wenn er gar kein Wohneigentum besitzt, recht leicht zu begreifen und vor allem sind die Kosten ganz leicht zu umgehen. Man braucht sich lediglich und ganz einfach an die Verkehrsregeln zu halten.

Kahlschlag!

Um den, inzwischen sündhaft teuer gewordenen, Auslösen für Maibaum-Entführungen zu entgehen, haben sich einige gewiefte Gemeinden Folgendes ausgedacht: Sie fällen jetzt gleich mehrere Bäume für diesen Zweck und brauchen so vermutlich gar keinen auszulösen. Es sei denn, es würden alle entführt, was jedoch sehr unwahrscheinlich ist. Zumindest vorerst. Um auch den Umweltaktivisten, die diesen gefällten Bäumen wieder nachtrauern würden, entgegenzukommen, werden nur die Bäume gefällt, die sowieso aus irgendwelchen Gründen weichen müssten.

Schönheit: (07. Mai 2014)

Wie das mit der Erlaubnis von genmanipuliertem Mais wirklich wird, können wir noch nicht sagen, aber das mit den Chlorhühnchen wird vermutlich schon mal nichts. Die Pharma-Industrie höchstselbst hat Einspruch erhoben! Und was DIE sagt, ist bereits Gesetz. Wenn wir nämlich künftig Chlorhühnchen essen würden, brauchten wir keine Zähneweißmacher mehr von ihnen abzukaufen. Sie würden sich direkt schwarz ärgern und den Aufheller für den Eigenbedarf benötigen.

Sicherheit:

Die Gartenbauvereinigung empfiehlt jetzt, vor den Eisheiligen, die bereits in die Gärten gesetzten, empfindlichen Pflanzen vor Bodenfrost zu schützen, indem der geneigte Pflanzenfreund seine Gewächse in Hängeampeln umtopft. So sei auch ein hinreichender Schutz vor Schneckenfraß gegeben.

Schlagfertigkeit:
Alles neu macht der Mai. So heißt es im Volksmund. Doch während die Bäume ausschlagen, was womöglich einen Racheakt darstellt, weil sie sich gegen ihre Fällung für das Maifest wehren wollen und hierbei Grüntöne in allen Facetten hinterlassen, schlägt der erhöhte Genuss von Alkohol in anderer Form zu BUCHE: Ungenügend ge*eichte*, junge Burschen schlugen ebenfalls wieder um sich und hinterließen hierbei überwiegend blau-braune Töne mit nur einem Stich ins Grünliche.

Aus der Gerüchteküche: (Juni 2014)
Trotz aller Anzeichen, die darauf hinweisen, dass ein weiterer Weltuntergang unmittelbar bevorsteht - die Meldungen, dass es sich bei dem geretteten Höhlenforscher aus dem Untersberg um den wieder erwachten Friedrich Barbarossa handeln soll, der im Tiefschlaf mit seinem Gefolge auf die letzte Schlacht wartet, sind natürlich völlig falsch und an den viel zu kurzen Barthaaren herbeigezogen.

Märchenkunde: (Juli 2014)
Wissenschaftler der Universität Leipzig haben nach eingehenden Untersuchungen herausgefunden, weshalb das Aschenbrödel damals überhaupt seinen Schuh verloren hatte. Das, so der leitende Assistent in einer Pressekonferenz, beim letzten Ball im Juni, liege daran, dass der Mensch grundsätzlich zwei verschieden große oder kleine (je nachdem) Füße hat. Die Schuhindustrie wurde darüber natürlich sofort informiert. Die Verantwortlichen wollen Schritte dagegen unternehmen und gelobten bereits Nachbesserungen. Linke und rechte Schuhe können künftig separat erworben werden.

Hilfskonvoi in Oberbayern liegen geblieben (August 2014)
*Ein von Gutmenschen organisierter Hilfskonvoi, der rund
35.000 Musikbegeisterten Unterschlupf und Versorgung ge-
währleisten sollte, ist, unbestätigten Meldungen zufolge, un-
weit des Bayerischen Meeres am Chiemsee verlassen aufgefun-
den worden.*
*Augenzeugen berichten, dass es so ausschaut, als wären die
Probanden, welche die Zelte, Schlafmatten, Thermobehälter
und andere überlebenswichtige Utensilien testen sollten, von
irgendetwas gestört worden und Hals über Kopf geflohen. Ohrenzeugen behaupten, es handelte sich bei diesem Störfaktor
um das ENDE.*
Das Ende des Chiemsee-Summers.
*Was nun mit diesen vielen Dingen geschehen soll, ist noch
nicht ganz klar. Vorschläge diesbezüglich nimmt jede Organisation von Großveranstaltungen entgegen.*

Massensport: (August 2014)

Wir hatten da ja so eine Vorahnung: Bier in sich hineinzu-
stürzen war schneller wieder out, als dass man ein *Bäuerchen*
hätte machen können. Jetzt im Moment tummeln sich auf Internet-Foren Gestalten, die sich lieber mit Eiswasser *überkü-
beln*, um damit auf eine Nervenkrankheit aufmerksam zu machen, als dass sie Geldspenden springen lassen, um diese
Krankheit ausforschen und bekämpfen zu lassen. Die Streitereien und Diskussionen über Sinn und Unsinn dieser Aktio-
nen und was mit dem inzwischen, trotz des weltweit angestie-
genen Verbrauchs von Eiswürfeln, angehäuften Vermögen

tatsächlich geschieht, laufen noch immer. Dabei gibt es einen kleinen aber effizienten Trick, diesen Kelch, resp. Kübel an sich vorbeiziehen zu lassen, selbst wenn man nominiert wurde: Eiswasser verliert seinen Schrecken, wenn man es kurz vor Verwendung auf eine angenehme Temperatur erhitzt!

Werbung: *(August 2014)*
Bad Reichenhall ist mal wieder in den Schlagzeilen. Erfreulich daran: Die Berichte handeln diesmal von Lebendigen. Weniger erfreulich: Die verfügbaren Betten in den noch vorhandenen Hotels, könnten jetzt zu knapp werden um all die Sensationslüsternen, die anreisen möchten, um den Ort des Geschehens zu inspizieren, unterbringen zu können, zumal derzeit ja sowieso Hochsaison herrscht. Eigentlich wollte man damit den Gästeschwund kompensieren, mit dem man wegen des schlechten Sommers gerechnet hatte, doch selbst die vorhandenen Gäste denken gar nicht daran abzureisen und wollen jetzt erst recht bleiben. Auf die Frage, was die Gäste davon halten, dass im altehrwürdigen Königlichen Kurhaus angeblich eine Fetisch-Party stattgefunden hätte, meinte heute ein Passant in der Fußgängerzone:
"Is wahr? Geh' leck'! I hau mi owi. Wia kim i do hie?"
Übersetzung mit den Worten von Loriot: "Ach! Ach was! Wo genau war das denn?"

Flugstreik mal anders! (15. September 2014)
Das ewige Hin und Her noch am Boden, weil entweder die Fluglotsen, die Flugbegleiter, das Bodenpersonal oder die Piloten streiken, hat ein Nachspiel. Jetzt, nachdem sich die Flugpassagiere auf den für morgen angesetzten Streik der

Lufthansapiloten eingestellt und sich anderweitig nach einem Fortkommen umgesehen hatten, die Piloten aber nun doch fliegen werden, haben sie endgültig die Lust auf den Luftverkehr verloren. Sie sind es müde und treten ab sofort ihrerseits in den Flugstreik. Entweder fahren sie mit der Bahn, dem Kfz oder bleiben einfach mal ganz gemütlich zu Hause. Schließlich hat das eigene Heim auch viel Geld gekostet und man lasse sich nicht mehr von Gesellschaften veräppeln, auch wenn es bereits *Apps* gibt, mit deren Hilfe man auf dem Laufenden wäre. „Da können wir ja gleich zu Fuß gehen", so ein erboster Ex-Fluggast vor dem Auschecken.

Die Gewerkschaft der Lufthansa hat angeboten, dass die Fluggäste jetzt an den Gesprächen und Verhandlungen mit eingebunden werden.

Blitz-Dingens: (18. September 2014)

Weil ein Blitzmarathon nahezu zwecklos ist, wenn die Straßen so dermaßen überfüllt sind, wie sie es derzeit nun mal sind, und die notorischen Schnellfahrer nicht so schnell fahren können, wie sie es sonst tun würden, weil sich der Vordermann (oder auch die Vorderfrau) an die Geschwindigkeitsbegrenzung hält und somit als zwar ärgerlicher, jedoch auch als geldsparender „Bremsklotz" fungiert, dürfen diese Kandidaten jetzt in einer Einzel-Blitz-Wertung starten und vorführen, wie sie wirklich fahren würden. Anmeldungen nehmen alle örtlichen Polizeidienststellen entgegen. Mitzubringen sind: eine gültige Fahrerlaubnis, das eigene Kfz nebst Zulassung und jemanden, der ihn dann legitim nach Hause bringt.

Aus den Kleinanzeigen: (20 September 2014)
Herrenhose (Einzelstück) vom Typ Jeans – Größe 34/34 (also KEINE Bauchgröße!), ziemlich hell blue-washed, original body-wearing-used over 12 years old or more – daher real gelocht und zerrissen im Knie- und Oberschenkelbereich, sowie viele wirklich hauchzarte Stellen, an Gesäß- und den Five-Pocket-Nähten, die auf baldige weitere modische Aspekte schließen lassen. Aktuelle Ausfransungen am Hosenbeinabschluss sind selbstverständlich ebenfalls in ausreichenden Mengen vorhanden. Angebote sind bitte beim Sammelcontainer um die Ecke abzugeben.

Sicher ist sicher
Sensationell! Nachdem sich einige Leute bereits mehrere Tage vor Verkaufsstart des neuen iPhone 6 vor die Läden begeben und auf die Ausgabe gewartet hatten, sollen sich einige von ihnen immer noch, respektive schon wieder (!) dort befinden um zu warten.

Diesmal auf die noch neuere Variante iPhone 7, die sich schadlos an die Körperform seines Trägers oder der Trägerin anpasst.

Tierisch: (20. September 2014)

Auch nach jahrelangen Forschungen an heimischen Waldrändern ist es bisher noch nicht gelungen, Eichhörnchen zu entdecken, die unter einer Nussallergie leiden. Wie ein Sprecher der Landesforschungsanstalt mitteilte, läge das vermutlich daran, dass auf nicht industriell abgepackten Naturwaren keine Hinweisschilder zu finden sind, auf denen ganz klar vermerkt ist, dass Hasel- und Walnüsse Spuren von Nüssen enthalten können. Die EU möchte diesen Mangel jetzt beseitigen.

Unabsichtlich: (22. September 2104)

Entgegen anderslautenden Meldungen gibt es doch KEINEN Weihnachtsartikel-Kaufzwang im September. Auch dann nicht, wenn die Verkaufsauslagen so ausschauen, als stünde Weihnachten bereits kurz bevor, und das Wetter auch noch so *halbscharig* daherkommt. Das ist ganz bestimmt nur Zufall. Dies hat uns die Verbrauchsministerin gestern höchstpersönlich wissen lassen, als sie zufällig beim Kauf von 2 Pfund Spargel und einer Schale Erdbeeren angetroffen wurde.

Die Gute Nachricht für HobbygärtnerInnen:

Eine weitere Belästigung durch Nacktschnecken wird es fürhin nicht mehr geben. Zumindest nicht in diesem Jahr. Laut Nacktschnecken-Zähldienststelle sind jetzt endgültig alle ersoffen. Es konnte keine einzige mehr gefunden werden.

Die Gute Nachricht: (26. September 2014) Aufgrund des überraschend (haha) eingebrochenen Konsumklimaindex der Verbraucher in D. hat die Industrie jetzt wieder genügend Zeit neue Produkte erst dann auf den Markt zu bringen, nachdem diese auf ihre Funktionalität und Zuverlässigkeit geprüft wurden. Es braucht somit keiner mehr zu hetzen oder sich oder sein Produkt zu verbiegen.
(In Anlehnung auf die Nachricht „Sicher ist sicher" von Seite 207)

Schönwettermeldung: (28. September 2014) Bei diesem genialen Sonnenschein, der derzeit zumindest tagsüber vorherrscht, hört und sieht man sich eher weniger Nachrichten an - und wenn doch, dann hört und schaut man nicht so genau hin. Die Bienchen summen und die Grillen zirpen. Eine entsprechende Petition an den Bundestag mit der Bitte um mehr Sonnentage in Deutschland wird eingereicht. Die Aussichten auf einen Erfolg dieses Unterfangens werden sehr hoch eingestuft, da es ganz im Sinne der Volksvertreter ist, mit Ablenkungsmanövern dieser Art zu arbeiten.

Gesundheit: (29. September 2014) Der Preis für das Rückenbuch von Prof. Dr. Dietrich Grönemeyer ist im Verhältnis zu seinem Gewicht unglaublich klein. Im Umkehrschluss hat man mit Erhalt dieses Buches schon ein Gewicht zum Stemmen in den Händen, was man durchaus als erste Reha-Maßnahme gelten lassen kann.

Skandal:

Der Spionagechef der NSA soll angeblich fristlos entlassen worden sein, weil ein Bürger offenbar komplett übersehen und überhaupt noch nicht überwacht wurde. Wie wir erst jetzt erfuhren, soll der Geheimdienst selbst erst jetzt davon in Kenntnis gesetzt worden sein, und das auch nur, weil jener, eben nicht überwachte Mensch, sich darüber beschwerte. Dieser fühle sich äußerst diskriminiert, nichtig, klein, unbedeutend und von der Gesellschaft ausgesperrt und stellt deshalb Schadensersatzansprüche in Milliardenhöhe. Was darauf schließen lässt, dass es sich um einen Menschen mit amerikanischer Staatsangehörigkeit handeln muss.

Entwarnung: (30. September 2014)

Wie wir soeben erfahren konnten, hat der Spuk um verloren gegangene Socken jetzt ein Ende. Das berühmt-berüchtigte sogenannte "*Sockenmonster*", welches für das Verschwinden von Millionen Socken verantwortlich zu sein scheint, konnte jetzt in Portland entlarvt und außer Gefecht gesetzt werden. Es handelt sich jedoch nicht, wie weit verbreitet angenommen, um eine Waschmaschine, sondern um eine Dogge! Aufgedeckt werden konnte dieses Malheur nur durch Zufall, denn das überaus gutmütige und niedliche Tierchen hatte sich wohl an seinem Lieblingsgericht überfressen und musste operiert werden. Hierbei kam es ans Licht. Leider konnten nur noch rund 40 Socken gerettet werden. Angehörige werden gebeten sich bei der Vermisstenstelle zu melden, damit diese ihren rechtmäßigen Besitzern zurückgegeben werden können. Für eine bessere Identifizierung sollten die einzelnen Gegenstücke mitgebracht werden. Falls vorhanden. Die anderen, schon seit vielen Jahren vermissten, meistens Einzelstücke, bleiben wohl auf ewig verschollen.

Spezialitäten:

Wie wir soeben von der Agentur für *Sonderliche Meldungen* erfuhren, hat die Reichenhaller Autorin Anna Brod∗ eine etwas längere Kurzgeschichte mit dem Titel „(K)ein Riesending für Hannes" bereits vor einigen Monaten geschrieben und für eine Anthologie eingereicht. Die Namensähnlichkeit des Titelhelden mit dem ehemals schwer verletzten Höhlenforscher vom Untersberg, der sich zum Glück nun wieder bester Gesundheit erfreut, ist rein zufällig. Dafür gibt es passend zur Geschichte auch einen *Untersberger Marmorkuchen*. Die Versuchsreihe läuft noch. Sollte das Experiment wider Erwarten misslingen, wird eine ortsansässige Spezialitätenfirma künftig zum Florentiner- und Knusperbruch auch noch einen *Untersberger Marmor-Bruch* anbieten können.
*Name von der Redaktion unkenntlich verdreht.

Sicher ist sicher! (Oktober 2014)

Nachdem ein etwas veralteter Computer aus dem näheren Bekanntenkreis zu einer Fachwerkstätte gebracht und dort von Profis überholt wurde, ist die Internet-Option jetzt so sicher wie nie. Durch Verwendung der neuen SSL-Verschlüsselungstechnik beim Einloggen können jetzt weder eingegangene noch versendete E-mails gelesen werden.

Nicht einmal vom Konto-Inhaber selbst. Toll!

Kein Wunder:

Wissenschaftler der Uni Himmelspforten haben nach einem uneigennützigen Selbstversuch feststellen können, dass die beliebtesten Plätzchen eindeutig die *Parkplätzchen* sind.

Und dann war da noch ...
Viechereien:

Es ist nicht einfach, seine Gedanken um ein bestimmtes Thema zu spinnen und dieses auf Papier zu bringen, wenn man andauernd von seinem Sitzplatz im Freien aufgescheucht wird, weil man glaubt, das Telefon klingelt. Dabei hat doch nur eine Amsel unerlaubt aber täuschend echt, den Klingelton unseres Telefons kopiert und trällert nun ständig unser „♪♫♪*Frrrr-Pling*♪♫♪" in die schöne Gegend.

Unser Kater *Herr Hämpfel* ist auch nicht mehr der, der er einmal war. Früher hat er den Amseln Angst und Schrecken eingejagt, dass sie gerade mal so laut schimpfen konnten, wie es sonst nur Rohrspatzen vermögen. Doch heute, altersmüde und geschlagen, oder aber einfach nur noch fauler als früher schon, hört er einfach nichts mehr. Er scheint taub zu sein. Das könnte für ihn sehr gefährlich werden, weil er sich gerne mitten auf die Straße setzt, die sich zwar in einem verkehrsberuhigten Bereich befindet, sich aber kaum einer der Verkehrsteilnehmer an die Regel hält, hier mit Schrittgeschwindigkeit vorwärtszukommen. Manchmal auch rückwärts, je nachdem wie viele Navi-Fehlgeleitete gerade unterwegs sind. Somit setzt er sich der Gefahr aus überfahren zu werden, weil er die heranpreschenden Autos, die um die Kurve kommen, nicht hören kann.

Ich würde ihm ja gerne eine dieser auffälligen Warnwesten umbinden, doch diese gut gemeinte Hilfsmaßnahme ließe er sich wieder nicht gefallen. Einsperren oder anketten kann man ihn auch nicht.
Zum einen wäre das nicht artgerecht und zum anderen liegt uns nichts ferner, als ihn quälen zu wollen. Was also tun?

Zunächst werden wir versuchen den Klingelton unseres Telefons zu ändern, damit wir einen Unterschied zu der nervenden Amsel herstellen können. Es könnte eine Weile dauern, bis sie oder eine andere die neue Tonleiter drauf hat und wir hätten etwas Zeit gewonnen.

Und was den Kater betrifft – wir werden wohl bei der Stadt um ein neues Straßenschild ersuchen.
Fraglich ist dann natürlich nur, ob es tatsächlich etwas nützt, wenn man *Blinde* mit einem Schild auf einen *Schwerhörigen* aufmerksam machen möchte.

Wir bleiben dran …

Bisher erschienen:

Die „Hämpfel-Reihe" in bisher 3 Teilen:

Haben Sie den Herrn Hämpfel gesehen?
ISBN: 9783-8370-3165-2

Neues von Herrn Hämpfel
ISBN: 9783-8370-3956-6

Was nun Herr Hämpfel?
ISBN: 9783-8482-3257-4

Das Hämpfellied auf You Tube

**Gschichtli und Gedichtli –
eine gärtnerisch-kulinarische Zeitreise**
ISBN: 9783-8391-7041-0

*Pfeffererdbeeren – und andere, ziemlich wahre
Kurzgeschichten mit Pep!*
ISBN: 9783-7322-4375-4

Bisher herausgegeben von Anna Dorb:

Gedichte und Moritaten in Hädefelder Mundart
Autor: Edwin Brod Marktheidenfeld
ISBN: 9783-8391-6663-5
und
„Die Bänkelsänger von Hädefeld"
Autor: Edwin Brod Marktheidenfeld
ISBN: 9783-8931-8915-3

Und hier noch ein ganz spezieller Tipp für Freunde der Satire:

Wer Satire mag, wird dieses Buch hier lieben!

„Neues von der Fratze mit Hut" von Monika Kubach

ISBN: 978-3738600254

Wenn Sie mal wieder richtig laut lachen wollen, dann merken Sie sich diesen Namen: Monika Kubach.

Sie will ihn nicht ändern und hoffentlich auch niemals ihren Humor.

Staubtrocken, aber auch fließend und erschreckend wie ein kristallklarer und eiskalter Gebirgsbach, erzählt sie uns von Alltagssituationen, die wir zwar alle kennen (oder von denen wir zumindest schon mal etwas gehört haben) und die uns normalerweise innerlich aufstöhnen lassen. Sie aber seziert jedes noch so kleine Detail in seine Spurenelemente und es entgeht uns kein Quäntchen an bisher Übersehenem mehr, welches nicht sofort auf die Schippe genommen wird. Und neben den offensichtlichen Hauptwitzen sind auch in jedem noch so unwichtig erscheinenden Satz Gags versteckt, wie ungefärbte Ostereier im frisch gefallenen Schnee.

Bevorzugte „Opfer" ihrer Ausführungen sind ihre Nachbarinnen, wobei hier ganz besonders Heike zu erwähnen wäre, mit der sie oder WEGEN der sie so einige Geschichten durchsteht.

→

Bäckereiverkäuferinnen, Apotheker-Gehilfinnen und sonstige Menschen, denen man im ganz normalen Leben begegnet oder mit denen man zu tun hat, können sich auf etwas gefasst machen.

Der gutmütige Göttergatte, der sich als gesuchte Nadel entpuppte, hat sich von ihr finden lassen, noch bevor ihr ein Heuhaufen in die Quere kam. Das ist selten und er ist es auch, der in dieses Buch immer wieder eine gnädige Ruhe hineinbringt. Er bleibt in jeder noch so haarsträubenden Situation gelassen und lässt seine Monika machen.

Da dieses Buch aus der „Ich-Perspektive" erzählt wird, ist man natürlich geneigt zu glauben, dass es sich um wahre Begebenheiten und selbst Erlebtes oder selbst Geträumtes handelt, was uns hier mit Aberwitz und unglaublichem Einfallsreichtum präsentiert wird.

Oder haben Sie schon mal versucht, eine Feuerzangenbowle mit einem aus Puderzucker, Würfelzucker und Wasser und in einem Sektglas selbst geformten Zuckerhut herzustellen?

Und weil keine Orangen im Haus sind, Brausetabletten verwendet werden könnten? Und alternativ für Rum Obstler brennen soll? Weshalb es letztendlich gut war, dass der Obstler nicht brannte, weil das Reibeisen ja schließlich über das, anstelle eines Feuerzangenbowle-Gefäßes verwendete …

Nein, ich werde nicht weitererzählen. Zum einen weil ich schon wieder einen Lachflash habe und zum anderen der Meinung bin, dass Sie sich dieses Buch selbst kaufen und lesen sollten.

Unbedingt!

Nach dieser Lektüre wird man so manches im Leben zwar noch genauer betrachten als zuvor – aber auch viel lockerer und beschwingter nehmen.

www.anna-dorb.de
info@anna-dorb.de